ビジネスで勝ち抜くための聖書思考

クリスチャン経営者
野田 和裕

はじめに

はじめまして。『ビジネスで勝ち抜くための聖書思考』の著者、野田和裕と申します。私は大学を卒業してから、気づけば26年間、ビジネス社会の中で揉まれてきました。

20代の頃は、がむしゃらに働き、日々生きていくことに必死で、起業や経営など考えたこともありませんでした。30代が近づくにつれて、このまま敷かれたレールの上を走るような人生でいいのか、という思いが沸々と湧いてきました。自分のこれまでの人生を振り返ってみても、誇れるものがない。あえて自分のいいところを挙げるとすれば、人一倍に満ち溢れた根拠のない自信のみ。それでは屁の突っ張りにもならない。

そんな中、これからどう生きるべきかと、自分の生まれ育った環境や境遇、現状を前向きに振り返ってみました。片田舎の小さな会社の起業家一家に生まれたこともあり、幼少の頃から祖父や父からビジネスサクセスストーリーをよく聞かされました。

祖父は小学校しか出ておらず、リヤカー1台でペンキ屋を営んでいました。しかし、キリスト教の聖書と出会ったことで人生が一変し、クリスチャン起業家として成功を掴み取ったと言います。そして父は、私をよく新しい事業の施設や建設地に連れていき、その事業の成長の姿を見せながら、今のビジネスがあるのは祖父の聖書思考があったからだと語ってくれました。

そんなクリスチャン起業家の家で生まれ育った自分も、気づけば聖書やキリスト教に興味を持つようになっていました。そして神学を学ぶ東京基督教大学に進学し、キリスト教を体系的に学びました。さらにキリスト教について実践的な観点から見識を深めるため、キリスト教専門の葬儀社で3年間働き、人間の死という現実に触れました。そこで、生きるとは何か死ぬとは何か、ということを模索してきました。

その中で、あるキリスト教的な考え方が、私の心の奥底に根付いていきました。それは、**人の存在は偶然の賜物ではなく、神のしっかりとした計画によるものであり、人の人生は高価で尊く意味がある、**というものです。

30代が近づくにつれて、私の人生、どう在るべきかと悩み続けていましたが、祖父の代から始まったクリスチャンビジネスパーソンの家庭に生まれたこと、神学を本格的に学んだこと、葬儀という営みを通し、限られた人生を全力で生きる大切さを学んだこと——それら全ては神の計画の中のできことであって、人生の全てには意味がある、ということを実感し始めたのです。

大した能力もなく、小さな自分ですが、そんな自分でもできることが、きっと何かあるはず。今ある自分の才能、環境、状況から、小さな可能性を信じて一歩を踏み出し、自分らしく全力で生きることを決意したのが、20代後半のときです。

キリスト教専門の葬儀社の起業という小さな一歩から走り続けて約20年。今も自分の存在を前向きに捉え、根拠のない自信全開で生きています。その根底には「キリスト教精神から来る聖書思考」があるということを、今さらながら深く実感しています。

自分の祖父や父もそうですが、**成功者には、聖書を土台として生きているビジネスパーソンが多い**ことにも気づかされました。**ビジネスや人生の成功に、聖書思考は効果的**だと確信しています。

日本にはたくさんのビジネス本や自己啓発本があります。これまでさまざまなビジネス成功法則の本が書かれてきましたが、聖書を土台とした書籍は少ないように感じます。しかし世界に目を転じると、多くのクリスチャンビジネスパーソンが活躍しています。**今こそ、世界のベストセラー〝聖書〟に目を向け、価値ある人生を再スタートする時**ではないでしょうか。

一個人のクリスチャンである私が言っても、あまり説得力はないかもしれません。しかし私自身、物心がつき始めた10代から40年近く聖書を読み続けてきた感想として、**聖書に**

は、ビジネスや人生の成功に繋がるヒントや、心を鼓舞してくれる言葉が満載です。とはいえ、すぐに聖書を読んで理解することは難しいと思います。ですので、本書をぜひお読みいただき、聖書思考から生まれる、人生の成功に繋がるヒントを感じ取っていただけましたら幸いです。

また、本書では、聖書を読んで成功を掴んだ先輩方も幾人か紹介しています。つまり聖書思考を身につければ、成功の可能性は格段に上がるということを、多くの先駆者たちが証明してくれているのです。

この機会に皆さんもぜひ、聖書と出会い、聖書から人生、そしてビジネスで勝ち抜くための聖書思考を身につけ、全力で生きるヒントを得ていただけましたら幸いです。

※なお、本文中の聖書の言葉は、『聖書　新改訳』第2版（1978年、日本聖書刊行会）に拠った。

CONTENTS

第2章 ビジネスに繋がるヒントが満載の聖書を気楽に読んでみよう

第3章

ビジネス成功には品格も必要、聖書から人としての見せ方を学ぶ

第4章 機会を十分に活かし、お客様を着実に確実に集める

第5章 聖書を使った「願望達成シート」で願いを潜在意識に染み込ませる

ブックデザイン　土屋裕子(株式会社ウエイド)
DTP　望月彩加(株式会社ウエイド)
企画協力　ネクストサービス株式会社(代表 松尾昭仁)
編集　岩川実加

第1章

私はこうして聖書の教えを実践し、成功した

「だれでも、この山に向かって、
『動いて、海にはいれ。』と言って、
心の中で疑わず、ただ、自分の言ったとおりになると
信じるなら、そのとおりになります。」

マルコの福音書　11章23節

――「単純な信仰」聖書の言葉を
そのまま信じて行動する人間ほど成功できる

ビジネスでも生活でも人生でも、特に真面目な人ほど、真剣に考え、設計図を書かないと動けない人が、この世の中には多すぎると思います。中には考えに考えすぎた結果、全く動けない、そんな人も多いのが現状ではないでしょうか。

確かに計画や戦略も大事です。でも**最高にいい計画や素晴らしいプランがあっても、実際に行動に移して勝利を掴み取っていかなければ、絵に描いた餅で終わってしまいます。**やらない後悔とやった後悔、どちらが学びが多いかといえば無論、仮に失敗したとしても、やった後悔の方が、どれだけ大きな学びを得ることができるでしょうか。

最初に、私の祖父の話を少しさせてください。祖父は戦後、満州から日本へ帰還後、リヤカー1台でペンキ屋さんを営んでいました。ところがその事業に失敗。自殺まで考えたそうです。しかし、ある書籍からビジネスの活路を見出しました。書店でノーマン・ヴィンセント・ピールが書いた『積極的考え方の力』（ダイヤモンド社：世界で2000万部）と出会ったのです。著者の肩書きに教会の牧師と書いてあったため、教会に行けばビジネスのヒントが学べるのではないか、との単純な思いで教会に赴きました。

その後、紆余曲折を経てクリスチャンとなり、ペンキ屋の事業も好転し始めました。教会に行って聖書を読み、その言葉を素直に受け入れて歩み始めたところ、ビジネスも人生も好転し始めたので、祖父は「この宗教は素晴らしい、この教えを多くの人に伝えたい」と牧師に伝えました。それを聞いた牧師は、「高度経済成長の日本、これから子どもたちがたくさん増えます。学校を作ったら多くの人にその教育を通して聖書を伝えられますよ」と勧めました。

そこで祖父は、「よし！学校を作ろう」と一念発起し、冒頭の「山に向かって、『動いて、海にはいれ。』」という聖書の言葉に素直に従い、心の中で疑わず、ただ「自分の言ったとおりになる」という言葉を信じて、必死に動き始めたのです。その結果、現在、福島県の甲子園連続出場校として有名な聖光学院を創設したのです。

私は、幼少時代からこの話を耳にタコができるほど、祖父に会うたびに聞かされてきました。祖父は、「信じて動けば高校でも自動車学校でも老人ホームでもなんでもできる。できると信じて行動するだけだ」といつも教えてくれました。この「単純な信仰」とは、一般的な表現にすれば「単純な信念」とでも言いましょうか。**単純にできると信じて行動**

していく先に道が開け、成功のチャンスがやってくるのです。

「単純な信仰」で信じて行動する。単純に信じて行動することは誰にでもできます。でも多くの人は、失敗や周りの目を気にして、また自分を過小評価して、実際には行動せず、悶々と人生を送ってしまう。あるいは、こんな自分にはまだ早いと、勉強や資格取得ばかりに気を取られ、目の前にチャンスが来ているのに行動を先送りにしてしまう。

時間有限。可能性無限。**自分の夢や願望があるのであれば、単純な信仰、信念を持って、まずは一歩行動すべき**です。私自身も、散々祖父に言い聞かされてきたおかげで、「信じて行動すれば道は開ける」、その単純な思いで突っ走った結果、ひとり起業のビジネスは4オフィスとなり、年商は2億円までに達しました。祖父はもう他界しましたが、祖父が始めた企業グループは現在40箇所、年商は60億円規模となりました。

リヤカー1台で始まったビジネスですが、祖父の聖書思考の小さな一歩があったからこそ、今の自分もある。そう考えると、小さな行動の一歩の重みを深く感じます。

「求めなさい。そうすれば与えられます。
捜しなさい。そうすれば見つかります。
たたきなさい。そうすれば開かれます。
だれであれ、求める者は受け、
捜す者は見つけ出し、たたく者には開かれます。」

マタイの福音書　7章7−8節

――「叩きなさい、開かれます」
1年で1500件を1人で訪問した話

私が起業したばかりの頃、営業に行く先々で「キミは後発組だから、間違いなく潰れるよ」とか「今どきキリスト教葬儀？　他社があるからいらないよ」などと冷たくあしらわれる日々が続きました。そんなときに私を支えてくれたのが、この冒頭の言葉です。

起業したてのとき、まず最初に力を入れなくてはならないことは〝営業〟だと感じています。どんなに最高の商品やアイデアでも、それを多くの人に知ってもらう広報活動の営業がなくては、売れることはありません。では、多くの人に知ってもらうための営業とは、何をすればいいのでしょうか？

ここでは、私がオススメする営業展開の3つのポイントを紹介します。

①顧客をリスト化する

自分のビジネスの顧客はどこにいるのか？　その顧客をリスト化しましょう。リストは多ければ多いほどいいので、具体的にターゲット絞りを行いましょう。

私の例ですと、キリスト教の教会が一番の顧客だったので、この教会の住所リストをデータベース化し、最初は1500箇所をターゲットとしました。

②年間営業スケジュールを作る

4月スタートで翌年の3月までの月毎の営業プランを作り、来る日も来る日もスケジュール通りに営業に回ります。その際、顧客との接触頻度をじわじわと上げていくスケジュールにします。私の場合、4月はDM（ダイレクトメール）発送。5月 - 10月はリアルの訪問営業。11月 - 12月は反応が良かったところへの年末訪問。こういった具合に戦略的に営業プランを立て、スケジュールに沿って営業していきます。

③「ありがとう」を忘れない

営業って本当に大変です。私なんか泣きながら、来る日も来る日も営業先で悔しい思いをしてきました。でも数十件に1件は、神様みたいに優しく受け入れてくれるお客様に会えます。その素敵なお客様に「話を聞いてくれてありがとうございました！」との手書きの手紙を書く。地味ですが、これが非常に効果的なのです。

結局、人は心ある生き物で、コミュニケーションが大切です。ありがとうと伝えるだけで印象に残り、覚えてもらえます。「今どき手紙？」と思うかもしれませんが、SNSの時代だからこそ、手書きの手紙は驚くほど効果があるのです。

このようにビジネスは、泥臭いかもしれませんが、**必死に足を使って営業していくことが成功へ繋がるポイント**になります。顧客を求めて顧客を探し、扉を叩き続ける。ほとんどの人が、ちょっと叩いて開かれないとすぐにヘコんで、諦めてしまう。でも聖書は「叩けば開かれる！　求めれば与えられる！　捜せば見つかる！」と約束しているのです。

私は単純なので、その聖書の言葉を信じて、雨の日も風の日も日照りの日も、泣きながら営業を繰り返し、諦めずに、先ほどの3つのポイントで展開していきました。

1年2年と営業していった結果、最初は冷たい対応だったお客様とも、だんだんと心通う会話ができるようになり、気づけば仕事を依頼してくれるまでの関係性に発展していったのです。

「求めよ、さらば与えられん」、このマインドでビジネスを推し進める。その先に必ず道は開けると信じて行動する。この単純な気持ちで、信じて行動する。その先に成功に繋がる展開が待っているのです。

「さまざまな試練に会うときは、
それをこの上もない喜びと思いなさい。
信仰がためされると忍耐が生じるということを、
あなたがたは知っているからです。
その忍耐を完全に働かせなさい。
そうすれば、あなたがたは、何一つ欠けたところのない、
成長を遂げた、完全な者となります。」

ヤコブの手紙　1章2-4節

――「試練を喜べ」通帳残高3万円のときも
道は開ける根性で営業し続けた

ビジネスには試練や逆境は必ずあります。どんな成功者の裏にも必ず試練があり、それを乗り越えてきた結果の先に成功があるのだと思います。**試練の先に成功があると言っても過言ではありません。**となると、これから起業しようとする人、今ビジネスで頑張っている人、全ての人に必ず試練は起こります。つまり、試練というのは人生には付き物で、当たり前のことと割り切って生きた方が、一気に楽になります。

さらに冒頭の言葉には「試練を喜べ、忍耐で頑張れ、その先に成長がある」と記されています。そんな聖書の言葉を胸に、30代前半の頃、私は起業しました。さまざまなところからお金を工面し、自己資金と合わせて４００万円の元手で、「毎月数百万の売上を上げるぞ」と意気揚々とビジネスをスタートさせました。

「身の丈に合ったビジネス展開をするぞ」と決め、自宅の四畳半の部屋を事務所にし、パソコンやプリンター、営業車両の軽バンなど、必要最小限のもので事業を開始。ほぼ知り合いなしコネなし資金も微々たるものという、超弱小零細個人事業でのビジネススタートです。自分で下手くそな営業チラシやカタログを必死に作り、営業先の住所録のデータベースを頼りに、雨の日も風の日も日照りの日も営業に明け暮れました。

新参者のひとり起業でしたが、お客様との関係作りから始まり、ゆっくりゆっくりビジネスが成長していきました。最初の3ヶ月は、1件2件と仕事の依頼が入り、「これなら事業計画書通りに初年度で1000万の売上目標が達成できる」と過信していました。

しかし、現実はそう甘くないのが人生でありリアルビジネスです。仕事がピタッと止まり試練が訪れたのです。仕事は微妙に入るが単価が小さい。件数も伸びない。資金繰りが段々と苦しくなってきました。「やばいどうしよう……新聞配達でもするしかないか」と求人広告を真剣に見始めたとき、とあるビジネス書籍で見つけた「求人広告を見始めたら自分のビジネスは終わりだ」というフレーズが、私の、ど根性精神に火をつけました。

また、**聖書の「試練を喜べ」の言葉も、奇跡の励ましの言葉のようにキラキラと目に止まりました。**その先にある忍耐と成長を信じ、残高3万円の通帳を妻と1歳の息子と眺め、「大丈夫、試練の先にこそ成功があるんだ」とすがるように神に祈りました。そして、ただただ信じていつものように営業を繰り返し、前進し続けていきました。

すると不思議なことに、「もうダメだ、来月で資金繰りがショートする」という段になると、大きな案件が来てその月を何とか過ごせる、ということが続きました。あるビジネスのメンターが「あと5センチ掘ればその先に成功がある」と言っていたとおり、**諦めないで掘り続ければ、その先に必ず成功がある**のです。

試練のときは不安で苦しいかもしれない。でも、そこで諦めて行動することをやめたら、試練の結果としての苦しみだけで終わりです。その試練の先に成長があると信じてがむしゃらに突き進む。ビジネスとはそういうものだと思います。そして、また試練が来たときが本番です。本気モードスイッチオン。**どうやったら乗り越えることができるかと必死に考え、行動することで、意外といいアイデアや出会いが訪れるもの**です。

だから、試練こそが喜びであり、成功に繋がるチャンスだと信じ、前進しましょう。私自身、試練の先に光ありと信じて歩み続けてきた結果、今の自分があると思います。

「いつも喜んでいなさい。絶えず祈りなさい。すべての事について、感謝しなさい。」

テサロニケ人への手紙第一　5章16－18節

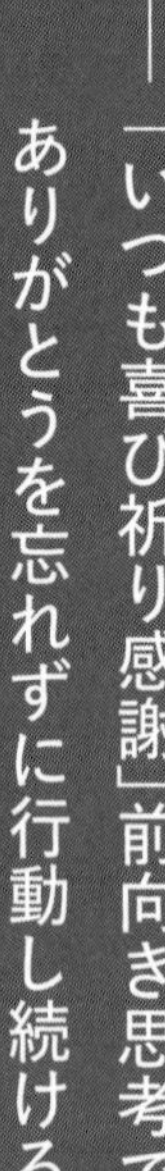

――「いつも喜び祈り感謝」前向き思考でありがとうを忘れずに行動し続ける

いつも喜んでいよう。絶えず祈り心を持とう。全てに感謝しよう。このフレーズは最強だと思っています。**喜び、祈り、感謝。この3つを本気で実践するだけで、ビジネスも人生も確実に好転する魔法のキーワード**だと思っています。

私は、自分の手帳の最初のページに、今年の聖書の言葉を標語のように貼り付けるようにしています。聖書の言葉は、格言のように自分を励ましてくれ、やる気を出させてくれる。なので私は毎年、「どの言葉を今年の標語にしようかな」と年初めに考えるのが、ルーティンとなっています。ここ数年は、「いつも喜び、絶えず祈り、全てに感謝」のこの言葉が、自分の中で一番好きな定番標語になっています。

ビジネスでの歩みは山あり谷ありです。喜べないことの方が多いかもしれません。そんなとき、私を鼓舞してくれるのがこの言葉。正直なところ、いつも喜んでいる楽天思考は難しい。でも、いつも喜べと教える。聖書は、2000年近く前からある古い教えです。**これまでの2000年の歴史の中で、どれだけ多くの人がこの言葉で励まされ、鼓舞されてきたかと考えると、とてつもない重みとパワーを感じます。**

私はひとり起業から始め、最初の3年くらいはずっと1人だったので、本当に苦しいことばかりで大変でした。しかし、苦しいときこそ聖書を開き、元気になる言葉を見つけてパワーを得ていました。いつも喜んでいなさい。いつもは喜べないけど、喜びを意識しよう。願うように祈るように喜びを意識する。そうすると前向き思考が強くなります。

人間は、普段から使う言葉や考え方で生き方が変わっていきます。愚痴や人の悪口ばかり言っている人は、人生全てが愚痴っぽくなり、表情も卑屈になってしまう。逆にいつも楽天的で笑顔の人は、人生もどんどん明るくなり、表情も豊かになります。だから、**日頃から自分にどんな言葉を染み込ませるのかは重要**だと思います。

あなたは毎日、どんな言葉を使って、その言葉から来るイメージを自分に染み込ませていますか？ 人間は習慣化の生き物です。日々の何気ない思考の連続が1日、1ヶ月、1年、10年とどんどん習慣化し、思考が現実化していきます。その思考の連続の集大成が、今のあなたの思考の癖や表情なのです。その口癖、その思考、その表情。**日頃何気なく使っている言葉から人生が出来上がっている、**と言ってもいいかもしれません。

だから私は、「いつも喜んでいこう。辛いとき、嬉しいとき、どんなときも祈り心を持とう。そしてこれら全てに感謝していこう」と決め、歩んできました。喜ぼう、祈ろう、感謝しようと決め、それを習慣化するまでには、時間がかかります。しかし、人間は習慣化の生き物。**3週間も続ければ思考の癖は変えることができます。**そして、そのプラス思考の習慣が身につくと、喜ぶことが多くなり、感謝の気持ちで祈り心を持つことができるようになり、自分のビジネスも含め全てが好転していきます。

いつも愚痴を言ってしかめっ面の人と、いつも笑顔でありがとうと言う人、どちらにチャンスや人が集まってきますか？　一目瞭然、後者の人ですよね。お金も努力も時間も必要ありません。誰にでもできます。思考をちょっと変えるだけです。今日から、いや、**この瞬間から喜びを意識しましょう。喜べるように祈り心を持ちましょう。自分の全てに感謝しましょう。**この喜び・祈り・感謝の3点を実践するだけで、あなたの人生は驚くほど好転スパイラルに入ることを約束します。マイナス思考でうだつの上がらなかった私が、驚くほどプラス思考の楽天家になり、人生が好転したので、保証します。

「鉄は鉄によってとがれ、
人はその友によってとがれる。」

箴言　27章17節

——「人はその友によって磨かれる」
メンターの着こなし・話し方・姿勢を真似る

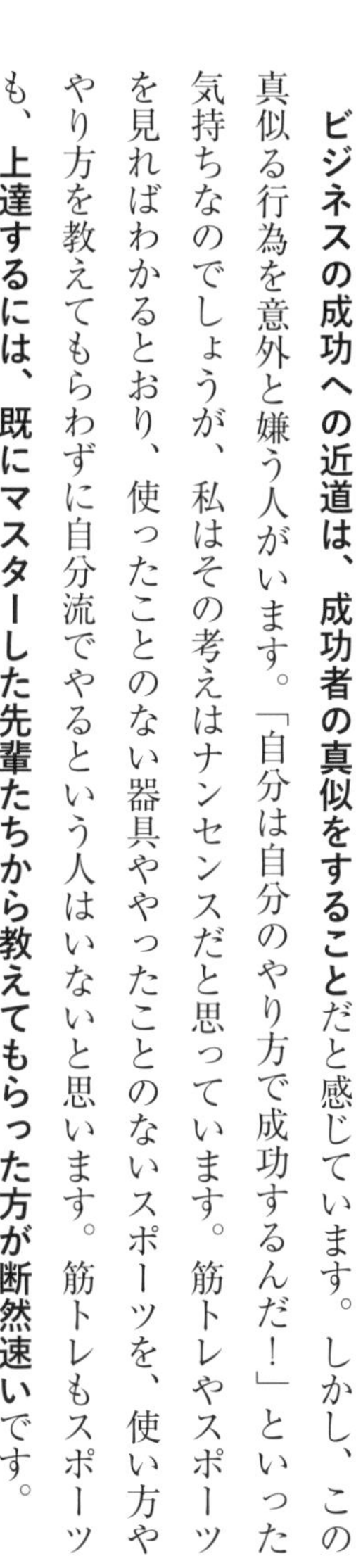

ビジネスの成功への近道は、成功者の真似をすることだと感じています。しかし、この真似る行為を意外と嫌う人がいます。「自分は自分のやり方で成功するんだ！」といった気持ちなのでしょうが、私はその考えはナンセンスだと思っています。筋トレやスポーツを見ればわかるとおり、使ったことのない器具ややったことのないスポーツを、使い方ややり方を教えてもらわずに自分流でやるという人はいないと思います。筋トレもスポーツも、**上達するには、既にマスターした先輩たちから教えてもらった方が断然速い**です。

ビジネスも一緒です。ビジネスには成功法則があります。その成功法則を知っている人は誰でしょうか。ズバリ、それは、既に成功しているビジネスの先輩たちです。では、どうやってその成功者たちからビジネス成功法則を教えてもらうのか。私流の先駆者から学ぶ簡単な方法を３つ、ご紹介します。

①自分の職種や似た仲間のビジネス交流会に参加する

無料で参加できる交流会から有料のものまで、いろいろあります。私も起業したての頃は、いろいろな交流会に参加しました。そこでは、できるだけ名刺交換をしたり、場合によっては後日、個人的に会いに行ったりと、積極的に出会いを求めて行動しました。そんな行動を続けていくと、時に素晴らしい人格者のメンターに出会えます。中には、詐欺まがいの人もいますので、人を見抜く力はたくさん出会って磨いていきましょう。そして、この人だという先駆者を見つけたら、その人の着こなしや話し方やビジネスに対する姿勢をとことん真似る。それだけでもあなたのビジネス成功確率は、断然アップします。

②有料のビジネスコミュニティに加入して学ぶ

有料のコミュニティですので、内容は濃厚です。また、自分もお金を出しているので、元を取ろうと必死に学びます。そこでも憧れの講師の着こなしや話し方、ビジネスのやり方や姿勢を本気で学びます。誰といるか誰と学ぶかで、自分の熱量も成長度合いも大きく変わります。そういったコミュニティに集っている人たちは同じ熱量を持っていますので、熱量伝達効果により、こちらにも必死スイッチが入りやすくなります。

③読書から学ぶ

意外と本を読まない人が多すぎます。１５００円ほどの２００ページ前後の書籍です

が、馬鹿にできません。その著者が何十年もの時間をかけて培ってきたノウハウの結晶です。その1冊に著者の本気が詰まっています。私のこの書籍だって本気の1冊です。その本気を1500円で学べる。信じられない破格です。書籍なら時間も場所も選びません。世界中のビジネス成功者をメンターにできてしまう最強の方法です。

私はこれらの方法を駆使し、多くのメンターたちから成功の秘訣を学び、着実に成長を続けてきました。メンターと聞くと、リアルに会って直々に教えてもらわないと効果がないと思うかもしれませんが、**その人に憧れを持ち、自分流に真似て学ぶことを続けていくだけでも、確実に効果があります。**人は関わる人によって研がれ、磨かれていきます。

自分の能力レベルは、自分と仲が良い友達5人の平均だと言われます。今、あなたの周りには、どんな友達や先輩がいますか？　どんなコミュニティに集い、どんな本や動画を見ていますか？　今の自分に納得がいっていないとすれば、それは、関わる人、読む本、コミュニティのレベルが低いからです。これからでも大丈夫、まだ間に合います。本気の人と出会い、本気の学びをし、本気の成長、本気の成功を掴んでいきましょう。

「無精者の手は人を貧乏にし、勤勉な者の手は人を富ます。
夏のうちに集める者は思慮深い子であり、
刈り入れ時に眠る者は恥知らずの子である。」

箴言　10章4－5節

――「怠惰な者は貧しくなる」隙間時間を使えば、
忙しい経営者でも年間93時間学べる

突然ですが、皆さんは毎日お風呂に入りますか？　もしかしたら週１回しか入らないという強者もいるかもしれませんが、私はほぼ毎日、お風呂に入ります。眠くて夜に入れなくても、必ず朝イチに入ります。入浴時間は人それぞれで、５分の人もいれば、30分の人もいると思います。私は15分ぐらいなので、その時間の感覚でお話しします。

１日15分の入浴時間だと、月間31日間で４６５分、年間で93時間もお風呂に入っている計算になります。その他、トイレ利用も大きい方を3分とすると、月間93分、年間約19時間もの間、トイレの中にいる計算になります。この入浴やトイレの時間に皆さんは何をしていますか？「そりゃ普通に黙々とシャワー浴びてるよ」「もちろん力んで用を足してるよ」と当たり前の答えが返ってくるでしょう。中には、音楽を聴いているとかYouTubeを見ているとか、ＳＮＳ検索タイムの人もいるでしょう。

このような**隙間時間は、1日を振り返ると驚くほど多くあります。**私の場合は、朝のトイレ、入浴、食事、犬の散歩、出勤時の運転時間等々。１日だけで見ると1時間ちょっとですが、月間31時間、年間３７２時間もの莫大な隙間時間を私たちは持っています。

この隙間時間に意外と暇をしている五感の一部分があります。そう、耳です。この**耳を使えば、隙間時間に勉学に励むことができます。**今はYouTubeでも、ビジネスに有益な情報が無料で大量に学べます。最近は、YouTubeだけで学んで、お寿司屋さんやラーメン屋さんを始める時代になりました。

私がよく使う、耳で学ぶオススメアイテムは、ポッドキャストです。ポッドキャストも無料です。YouTubeの場合、広告なしでのバックグラウンド再生ができるようにするには、有料プランに加入する必要があります。とはいえ月額1000円ちょっとなので、学びの投資として長い目で見れば安いと思います。これらの**ほぼ無料の学びのツールを使って、隙間時間を有効活用して学んでいくのは、とても重要なこと**です。

ビジネスを成功させていくためには、最新の経済情報やテクニックを日夜学ぶ必要があります。学びというと机に向かわなければいけないと考えるのは昔の話。時間がないから起業や資格の勉強ができないというのは言い訳です。毎日、トイレにもお風呂にも入りますよね。その隙間時間は、年間372時間あります。勉強するには十分過ぎる時間です。

ちなみに私は、iPhoneが発売された2008年から、隙間時間をポッドキャストで学ぶ時間に変えたので、かれこれ16年間、コツコツ隙間時間で学び続けています。ビジネスセミナーやコミュニティ、書籍の情報もほぼ、この隙間時間で得て、多くの出会いに繋がりました。勉強は必死にやると言う人もいますが、私は、隙間時間で気楽にのんびり続けるだけでも効果はあると感じています。

ビジネスも人生も、成功や成長には、大なり小なりの学びは必要です。ぜひ、隙間時間活用勉強法に挑戦してみてください。続けていくと確実に効果があります。お風呂で、トイレで、散歩しながら、ジムの筋トレで、通勤の電車の中で、自分の好きなビジネスのポッドキャストのシャワーを浴びるだけ。実に簡単です。明日から、いや今晩のお風呂タイムからできる学びです。

不精者は貧しくなる。勤勉な者は、富を得る。聖書は本当に、成功哲学の言葉が満載だといつも感じています。

「感謝の心を持つ人になりなさい。」

コロサイ人への手紙　3章15節

――「感謝」関わる人へ必ずメールや手紙、お中元・お歳暮で感謝を伝える感謝と聞くと、どんなイメージが思い浮かびますか？「ありがとう」の気持ちとか、「あの人へ感謝の気持ちを伝えないと」とか、ネガティブなイメージより、ポジティブな気持ちで心が満たされると思います。

感謝の気持ちは、人間社会で生きていく上で大切な感情だと思います。ここ近年は近所付き合いや親戚付き合い、会社やさまざまな場所での人と人との交流が希薄になり、この感謝や「ありがとう」を、伝える場が少なくなったように感じます。考え方によっては、余計な交流や気を遣う場がなくなり、便利になったとも言えるかもしれません。しかし、それだけ人と人との大事な交流が少なくなったというのは、人としてどこか寂しいことのように感じるのは、私だけでしょうか。

そんな時代だからこそ、人間らしい気持ちである「感謝」は、私たちが今一度、大事にしたい感情です。聖書は、感謝を学ぶには最適な書物です。冒頭の言葉も、ストレートに「感謝の心を持て」と勧めます。この**「感謝の心を持て」という考えは、ビジネスにおいてテクニックとして身につけておくと、一目置かれる存在になれます。**

感謝の心をテクニックとして身につけるだけでも効果的です。そして、本気の心から感謝できる人間は最強です。なぜなら、この**人間関係が希薄な時代だからこそ、感謝を実践できる人は、強い**からです。では、感謝をどのように表現すればいいのか？ 答えは単純です。「ありがとう」を行動でただ表すだけでいいのです。私の感謝戦略は、至って簡単。営業の出会いから受注完了までの流れで説明します。

まず営業で話を聞いてくださったら即、**手書きの葉書でお礼状を出します。**「メールでいいんじゃない？」と言う人もいますが、手紙を、しかも手書きで出さない時代だからこそ、一目置かれます。次に、再度アポの前日には必ず前日のメール、もしくは電話をします。会ってくださる前日に感謝を伝える。そして、アポの後にはまたお礼のメール、もしくは手紙で感謝を表します。礼に始まり礼に終わる。感謝三昧を実行するのです。

そんなやりとりを繰り返すと、お客様はいつの間にかあなたの人間味溢れる感謝の虜になります。気づけば、商品を購入してくださいます。**ここで大事なのは、連絡を取り続けること。**買うまでは一生懸命でも、売れた途端に手のひらを返したように冷たくなる営業マンがいますが、あれはＮＧです。高価な物でなくてもいいので、お中元やお歳暮で感謝を伝え続ける。定期的に購入後のフォローや新商品の紹介をする。そんなことを続けていると、お客様はあなたの完全なるファンになっていきます。もうあなたから離れません。

そうすると、お客様はまたちょっとしたお願いを聞いてくださったり、本命商品を購入してくださったりします。私は、**出会ったお客様には、このような感謝アプローチを年間で5回はします。**10年お付き合いがあるお客様とは、ルーティンの感謝アプローチだけでも50回。その他、リアルでの対面や弊社のさまざまなイベントでの交流などを通して、すっかり身内のような仲になっていきます。

最初のたった1枚の手書きの葉書から、人と人との心の交流が始まります。結局、自分もお客様も仕事や人生で関わる人もみんな人間。「ありがとう」と感謝されたい。**どんなにSNSやDXやAIが発達しても、人間は心ある感情の生き物**です。この現実を忘れなければ、まだまだチャンスはたくさんあるはず。今一度、「ありがとう」の気持ちをフル活用することをオススメします。

「神は、みこころのままに、
あなたがたのうちに働いて志を立てさせ、
事を行なわせてくださるのです。
すべてのことを、つぶやかず、疑わずに行ないなさい。」

ピリピ人への手紙　2章13‐14節

――「心のうちにある思いに素直になって事を行え」
根拠のない自信は成功への一歩

この聖書の言葉は、少し理解が難しいかもしれません。わかりやすくお伝えすると、あなたの心の中にある何かの目標や願望は、神様があなたの存在や能力を用いて良き働きに向くように道を備えてくれる、という考え方です。余計にわかりづらいですね。つまり、**あなたのその目標は、あなたから出たのではなく、神様があなたの存在を用いて神の計画を成し遂げるために、心に植えた思いが表れたもの**という考え方です。だからその心にある目標は、神様からのメッセージとして素直に受け入れ、つぶやかないで疑わないで、神様が成功まで導いてくださるから全力でやってみよう、ということです。

私の起業の一歩を振り返ると、20代後半から「なんかビジネスを起こしてやろう」という気持ちがずっと頭から離れない時期がありました。このような心の中で沸々と湧き上がる思いに素直になって、一歩踏み出してみることが大事です。多くの人は、このような壮大な夢やビジョンが湧いてきても、「今の自分には無理」とか「もう年齢的に難しい」とか「資格が足りない」「資金が足りない」などと言って、せっかくの夢をマイナス思考のもう1人の自分が押し潰してしまっているような気がします。

人の胸の中にある熱いビジョンや夢、目標は、若ければ若いほど壮大なように感じます。しかし、その夢を信じて一歩踏み出す人が少ない。この書籍を読んでいる方々の中にも、いろんな夢や目標を持っている人、持っていた人など、さまざまいると思います。**もう1回、その夢や目標を奮い起こして、一歩踏み出してみませんか。**

私も夢と目標を信じて、一歩踏み出したのは31歳のとき。起業や独立をするには遅い年齢です。でも年齢や自分の能力を言い訳にはしませんでした。「自分の中にあるこの思いは、神様が与えてくれた志であり、思いだから、素直に受け入れよう。そして全力でやってみよう」と覚悟を決め、起業を志し、行動に移しました。**もし失敗したって命がとられるわけじゃない。またやり直せばいい。そんな楽天的な気軽さも大事**だと思います。

多くの人は、行動に移す前から、失敗を恐れ、自分の能力や価値を低く見積もり、結局、動かない。行動に移さないでやらない失敗より、行動に移してやった失敗の方がどれだけ学びが多いかと思います。もちろん、行動に移して成功するのが一番いいのですが。

ここで**大事なのは、自分の心の中にある目標や夢を神様からの啓示として勝手に受け止めて行動すること**です。この思いや行動は、〝根拠のない自信〟として見ることができます。根拠のない自信は、心に良い働きをもたらします。「自己肯定感が高まる」「人を惹きつけるオーラが出る」「自分の意見が言える」「自信を持って行動できる」等々。ただ、**実力が伴わないと、勘違いしているだけの人になってしまうので、バランスは重要**です。

夢や目標は神からの啓示と考えるだけで、目標を達成するための責任感や行動力のパワーも変わってきます。今、あなたの夢や目標は何ですか？　もう1回、心の内にあるその熱い志に真剣に目を向けてみましょう。自分の欲望だけの思いなのか？　はたまた、神があなたの存在を用いて成し遂げようとしている崇高な思いなのか？　神秘的にするか、勘違いにするかはあなた次第。でも、せっかく生まれてきた人生。**自分の夢を全力で達成していく本気の人生も、いいもの**ではないでしょうか。

やらない失敗よりやった失敗。小さな本気の一歩の積み重ねが成功に繋がる。その志を押し潰さずに一歩踏み出してみようと、私は思います。

「私は、私を強くしてくださる方によって、どんなことでもできるのです。」

ピリピ人への手紙　4章13節

――「神様が強くしてくれる」どんなこともできると信じて行動したら道が開けた

生きていく上で強さは必要かと問われたら、私は即、「強さは必要だ」と答えます。人生は山あり谷ありで、紆余曲折。皆さんもこれまで幾多の戦いを経験してきたことでしょう。子どもの頃の学校での思い出を振り返ってみても、強さの必要性を感じたことは、大なり小なりあったはずです。学生になれば都度の試験や受験があり、強く学んでいく必要があります。就職して社会に出れば、社会で揉まれる。場合によっては転職を経験したりもして、さまざまな戦いの中で生きていく。人生をちょっと振り返るだけでも強さが必要で、日々誰もが必死に頑張って生きていることがわかります。**人生というものは、生きる強さが必要なもの**だと私は感じています。

人は1人では弱い生き物です。誰にも頼らず1人で強く生きていると豪語する人だって幼児期があり、幼少時代は両親や保護者の支えなしでは、生きて成長することはできなかったはずです。**人は誰かの支えがあるからこそ、強く生きることができるのです。また、家族や仲間がいるから強く生きていこうというスイッチが入るもの**だと思います。

では、その強さのエネルギーをどこから得ればいいのでしょうか。家庭であれば、家族の励ましや日々の安定した生活リズムや食事。学校であれば、友人や仲間や良き先生たちとの交流。仕事であれば、良き上司や同僚や後輩。仕事のポジションや給料の額も大事かもしれません。人は生きていく中で、日々生きていく勇気や支えを受けて、強く生きていきます。時には、弱さを覚え、人生が辛くなることもあります。

そんな山あり谷ありの強さが必要な人生で、あなたを励ましてくれる存在の1つとして、聖書の言葉が登場してきます。オススメの言葉が「私を強くしてくださる方によって、どんなことでもできる」です。**聖書の神様があなたを強くしてくれる**というのです。聖書には、古臭い言葉や意味のわからない言葉が多く記されていると思われがちですが、実はとてもわかりやすい表現で、現代に生きる私たちを励ましてくれる言葉が満載なのです。

「私を強くしてくださる方によって、どんなことでもできる」と聞くと、なんだか元気になってきませんか？ よくわからない聖書の神様だけど、その神様が、私たちを強くすると言ってくれていて、だから私たちは神様の応援があるからどんなこともできる。**神様が味方だと思えばもう最強**ではないでしょうか。そんな聖書の言葉に励まされながら、私は単純に素直にその言葉を自分自身のものとして受け止め、「え？　神様が俺を強くしてくれるの？　味方なの？　じゃ、俺って無敵じゃん」、そんな楽天思考のポジティブシンキングで人生を全力で生きてきました。

もちろん、だからといって、辛いことや悲しいことや失敗がなかったわけではありません。私の人生は、ちっぽけだし失敗ばかりだし生き方が不器用だし、どうしようもない男です。でも、「私を強くしてくださる方によって、どんなことでもできる」の精神で、どうにか今日まで必死に生きてきました。「神様が支えてくれているから、俺は強くなれるし、必ず成功するんだ」という**根拠のない自信で、人生を好転できている**気がします。

人生を否定的に考え、誰も応援者がいないと嘆いて弱く生きるのではなく、実は、**神様があなたの人生をフルサポートで応援しているんだと、無理矢理にでも自分を鼓舞して強く生きた方が、確実に道は開けていく**と私は思っています。「私を強くしてくださる方によって、どんなことでもできる」。これは、自分の中の最強の強さを奮い起こしてくれる言葉だと感じています。

「あなたは、あなたの生まれ故郷、あなたの父の家を出て、
わたしが示す地へ行きなさい。
そうすれば、わたしはあなたを大いなる国民とし、
あなたを祝福し、あなたの名を大いなるものとしよう。」

創世記　12章1－2節

――「父の家を出て示す地へ行けば祝福する」
安住を捨て本気で生きる覚悟を持つ

冒頭の言葉は、皆さんも一度は耳にしたことがある『創世記』という箇所に登場してくる言葉です。ここで登場する人物は、アブラハムという男性と家族なのですが、彼は奥さん側の家族の中に居候し、羊飼いの仕事を手伝っていました。奥さんのお父さんの家に居候しているわけですから、現代で言うと「サザエさん」のマスオさん的な立場でしょうか。1人の男として完全に独立して家庭を養っているわけではないので、ちょっと弱い立場かもしれません。

そのアブラハムに神様は、父の家を出て、私が示す地へ行けと指示を出します。その指示に従ったご褒美は、祝福して大いなる国民にするという約束です。このアブラハムから始まった子孫が、現在のイスラエル人だと言われています。アブラハムが神の言葉に従い、新しい地へ行ったことにより、イスラエルの民が生まれたのです。

聖書の読み方はなかなか難しいのですが、**大事なのは、この古めかしい書物を現代に生きる自分自身へのメッセージとして素直に読み込んでいくこと**です。それで、私のお決まりのパターンとして、この言葉を素直に自分に当てはめ、読んでしまいました。

私は、起業する前は5年間ほど、経営者の祖父と父のもとで、語学学校のマネジャーとして経営や営業の仕事をしていました。家業は福祉事業や学校関連事業を運営していたので、そのまま働いていれば安定していましたし、いつかは経営者の席を譲ってもらえたかもしれません。でも独立精神の強い私は、そのまま敷かれたレールの上を走ることを嫌い、自分で起業を目指しました。

そのときに、聖書に示されてしまった言葉がこれです。「あなたの生まれ故郷、あなたの父の家を出て、わたしが示す地へ行きなさい。そうすれば、わたしはあなたを大いなる国民とし、あなたを祝福し、あなたの名を大いなるものとしよう」。良いのか悪いのか、聖書を読んで動き出すクリスチャンは意外と多いです。キリスト教の仲間内ではこの向こう見ずな輩を、「示されちゃったクリスチャン」と少し引いた目で見て言います。

示されちゃって行動して成功すればいいのですが、意外と上手くいかないのが人生です。クリスチャンだから祈って信じて行動すれば成功するかと言えば、人生そんなに甘くない。**信仰的信心的な思いも確かに大事ですが、本人の本気の努力も絶対に必要**です。私も安定した祖父と父のもとを飛び出したはいいものの、起業したての3年間は本当に大変でした。実家にいれば安定した暮らしができていたのに、と何度も後悔したものです。

でも男1人、しかも妻も小さな息子もいる者として、起業をしたのであれば後戻りはできない。示された地として選んだのは商人の街、大阪。知り合いもいなければ親戚もいない土地。自分で振り返ってみても、起業の道は無謀であり、よく家族も私の起業の決断についてて来てくれたなと感心するほどです。そんな起業の一歩。必ず軌道に乗せて成功してやるんだ、という気迫だけは、誰にも負けませんでした。そして必死に地道に営業を続けていった結果、ゆっくりと道は開けていきました。

石の上にも3年とか、諦めずにやり続ければ必ず道は開けるとか、そんな言葉がありますが、本当にそうだと思います。ビジネスのやり方や目標の持ち方、営業の仕方さえ間違っていなければ、必ず道は開けます。親の脛を齧るような生き方はさっさと捨てて、**背水の陣で本気でやるからこそ成功を掴める**のです。そう私は自分の生き方から感じています。安住を捨てて本気で生きる覚悟を持ち、一歩、本気で踏み出す時です。

「恐れるな。わたしはあなたとともにいる。
たじろぐな。わたしがあなたの神だから。
わたしはあなたを強め、あなたを助け、
わたしの義の右の手で、あなたを守る。」

イザヤ書　41章10節

――「あなたの行くところどこにでも共にいる神」
神様が味方と信じ行動すると成功する

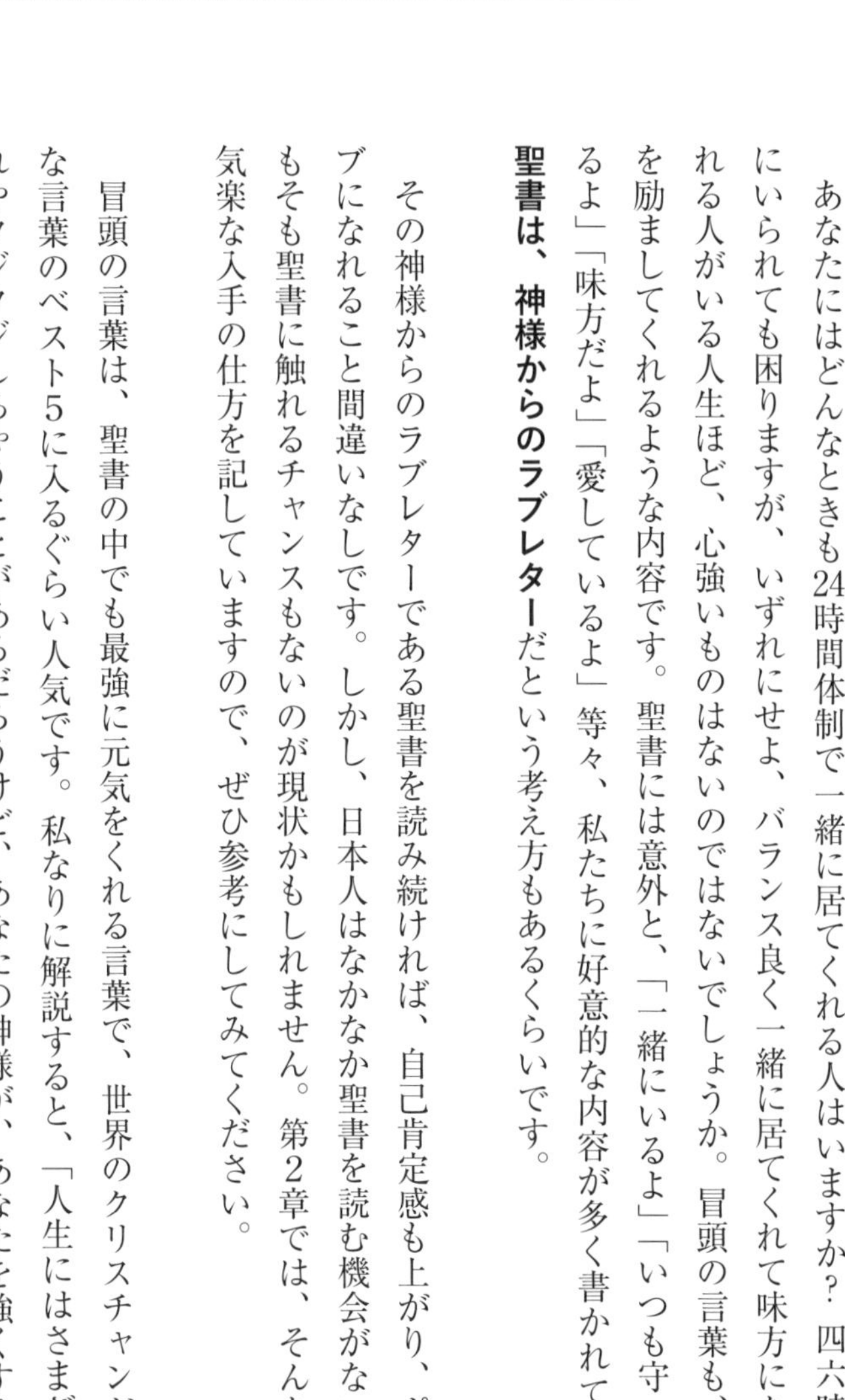

あなたにはどんなときも24時間体制で一緒に居てくれる人はいますか？ 四六時中一緒にいられても困りますが、いずれにせよ、バランス良く一緒に居てくれて味方になってくれる人がいる人生ほど、心強いものはないのではないでしょうか。冒頭の言葉も、私たちを励ましてくれるような内容です。聖書には意外と、「一緒にいるよ」「いつも守ってあげるよ」「味方だよ」「愛しているよ」等々、私たちに好意的な内容が多く書かれています。**聖書は、神様からのラブレター**だという考え方もあるくらいです。

その神様からのラブレターである聖書を読み続ければ、自己肯定感も上がり、ポジティブになれること間違いなしです。しかし、日本人はなかなか聖書を読む機会がないし、そもそも聖書に触れるチャンスもないのが現状かもしれません。第2章では、そんな聖書の気楽な入手の仕方を記していますので、ぜひ参考にしてみてください。

冒頭の言葉は、聖書の中でも最強に元気をくれる言葉で、世界のクリスチャンが大好きな言葉のベスト5に入るぐらい人気です。私なりに解説すると、「人生にはさまざまな恐れやタジタジしちゃうことがあるだろうけど、あなたの神様が、あなたを強くするし、助けるよ。しかも右の手で一番の利き腕の手であなたを守るよ」という言葉です。不完全な人間が「助ける」「守る」と言うのであれば限界がありますが、**全知全能の聖書に登場する神様が「あなたを守る」と言うのですから、もう最強**です。

私は、日本ではごく少数派の、祖父の代からキリスト教を信仰するクリスチャンの家庭で生まれ育ちました。なので物心がつく頃から、この言葉を胸に生きてきました。特に、思春期を過ぎたあたりから、人生をどう生き抜いていくかに必死な中で、この「恐れるな。わたしはあなたとともにいる。たじろぐな。わたしがあなたの神だから」の言葉には、何度となく励まされたものです。

こう言ったら元も子もありませんが、じゃあ本当に大変なときに神様が現れて助けてくれるかと言うと、そんな神がかったことは現実では起きません。脳科学者の茂木健一郎さんは著書『強運脳』（2023年、かんき出版）の中で、自身もよく神社やパワースポットに出かけることを明かし、それは自分の心が整い、積極的に動く習慣が身につくからだと述べています。また、脳科学者の目線から、神社やパワースポットなんて迷信だと言う人は損をしている、とも語っています。

科学的には、神仏にお祈りしたからといって、あるいはパワースポットに行ったからといって、何らかのパフォーマンスが上がるというエビデンスはありません。しかし、**信仰心を持って神社に参拝する人には、行動力が伴い、弾みがつく。つまりチャンスが広がるので運も上がる。**しかし、信心しない人は、前頭葉のコントロールによって理性が働き、自制して行動しない。つまりチャンスとの出会いの可能性が下がり、運が良くならない。そういった感じです。

心理的にも、**聖書の言葉を信じて行動する人や信心的な感情を強く持って行動する人は、何も信心しない人より、物事をポジティブに捉える傾向が強くなる**と言われています。「信じるものは救われる」といった信心で行動するから、人生もビジネスも切り開いていけるのかもしれません。

この信心的な生き方が、根拠のない自信に繋がり、人を強くしていくのだと思います。

第2章

ビジネスに繋がる
ヒントが満載の聖書を
気楽に読んでみよう

「人生の教訓」

――聖書から生き方と
ビジネスのヒントを学べば強くなる

カトリック信徒の清涼院流水さんの著書『どろどろの聖書』（2021年、朝日新書）にもあるように、聖書には、裏切り、殺人、兄弟喧嘩、戦争、近親相姦、争い、不倫、不特定多数の男性と付き合う女性、等々、愛憎劇のオンパレードと言っても過言ではないほど、どろどろのストーリーが記されています。聖書に対し、清く正しく美しい聖なる書物といったイメージを持っていた人もいるかもしれませんが、意外と人間味溢れる書物なのです。とはいえ、これだけだと、「え？　聖書ってそんななの。思ってたのと違う」と誤解を生んでしまいかねないので、しっかりと補足的に説明すると、その**人間のどろどろとした罪深い行為の背後にはいつも神様が居て、そんな人間を愛し守り導いていることを記し、神の元へ立ち返れと示している書物**なのです。そのことは忘れないでください。

聖書は、そんな人間味溢れる書物だからこそ、「人生の教訓」をしっかり学ぶことができるのです。人生の生き方、ビジネスの極意も学べる。そんな書物が聖書です。ここで、聖書に登場する教訓が学べるストーリーをいくつか紹介します。ちなみに解説は、聖書学者でも牧師でもない、1人のクリスチャンの端くれである著者の解釈であることを、ご了承ください。でも一応、正統派の神学を学ぶ大学出身であることは補足しておきます。

旧約聖書には、エリシャという預言者が登場します。彼は、イスラエル王に神の言葉を伝える働きをしています。預言者エリシャは、イスラエルのヨアシュ王に試すような課題を出します。「窓から矢を射よ」。王は矢を射ました。すると預言者エリシャは「貴方は勝利し、敵を打ち負かすことができる」と約束の言葉をくれます。そして次は「その矢で地面を叩け」と言いました。ヨアシュ王は言われるままに地面を3回叩きました。すると預言者エリシャは突然ブチ切れて「なぜぇぇッ、3回しか打たなかったあぁぁッ！　5回6回と打たなかったあぁッ！」と言います。ここでの教訓は、**神様が預言者を通して勝利を約束しているのだから、もっと確信を持って、その勝利を信じて貪欲に生きろ、**ということです。確かに、たくさん打った分だけ勝たせるよと最初から教えてくれていれば、100回でも打ったことでしょう。しかし、ヒントがありそうでないから難しい。それが人生だということを聖書は教えようとしているのだと思います。

その他、イエス・キリストの一番弟子と言われたペテロは、イエスがユダヤ教を批判し、さらにはローマ帝国への反逆罪で捕まる寸前、どんなことがあってもイエスに付き従うと豪語していました。しかしイエスは、それを諭すように「あなたは鶏が鳴くときに、私を3度知らないと言う」と言いました。案の定、イエスはローマ兵に逮捕され、ペテロは自分も捕まることを恐れ、イエスの預言通り、知らないと言ってイエスを裏切ります。**どんなに立派な弟子でも結局は人間で、裏切る弱さがある**のです。しかしその後、ペテロは自分の弱さを認めて弟子として全力で生き、最後は逆さ十字架刑を自ら望んで殉教します。

他にも、不倫をしてしまうダビデ王や、すぐに怒って神から頂いた十戒の板を叩き割ってしまう短気なモーセ。ニネベという街に行くように命令を受けるも、嫌だ行かないと言って神から逃げる預言者ヨナ。このように、挙げ出すとキリがないほど、人間味溢れる不完全な人たちが登場するのが聖書です。不完全な人間のストーリーの背後には、いつも神様の教えや守りがあり、どうしようもない人間を懐の深い神様の愛で、包み込んでいく。聖書と聞くと崇高なことばかりが書かれているイメージですが、そんなことは全くありません。人間味満載だからこそ、現代に生きる私たちも同情できるし共感できる。**数千年前に書かれた書物から、現代にも通ずる発見や学び、教訓が大量に得られる**わけです。聖書が世界のベストセラーと言われる由縁を感じます。

「クリスチャン経営者」

――実は聖書を読んで成功している
ビジネスパーソンはたくさんいる

本書のはじめにも記しましたが、私の祖父（甲子園出場高校として有名な聖光学院の創設者）も聖書を読んでビジネスを展開した結果、現在では従業員１０００人規模、年商も60億円近くのグループにまで成長しました。このレベルは序の口で、日本の歴史を見るだけでも、**名だたる経営者たちの多くは、実は聖書を土台にビジネスを展開し、成功を収めている**のです。

現在、日本の総合電機メーカーとして有名な**ソニーグループ株式会社の創業者、井深大氏**は、大学時代に新渡戸稲造の影響もあってクリスチャンとなった1人です。正統派の日本基督教団の富士見町教会に集う熱心なクリスチャンでした。世界のソニーの創業時の思いには、確実に聖書思考があったのです。

みんなの憧れ、六本木ヒルズ。その**森ビル株式会社の創業者、森泰吉郎氏**も実は、熱心なクリスチャンです。森氏は多くの財を得ても、聖書思考で質素な生活を徹底しました。

災害時にパンを配ることで有名な**山崎製パン株式会社の飯島延浩氏**も、熱心なクリスチャンです。山崎製パンのホームページにも「当社はクリスチャンの会社ではなく、聖書の教え・キリスト教の精神に導かれる事業経営を徹底して追求してきた会社であります。

（ホームページより抜粋）」と堂々と公言しています。

下着メーカーとして130年近くの歴史がある**グンゼ株式会社の創業者、波多野鶴吉氏**も、熱心なクリスチャンです。波多野氏は、「善き樹は善き果を結び、悪しき果を結ぶ」という聖書の言葉から、「善い人が良い糸をつくり、信用される人が信用される糸をつくる」と考え、社内教育に率先して聖書教育を取り入れました。クリスチャン創業者、波多野氏から始まった教えは、130年近く経った今も、グンゼの経営行動規範に生かされています。

お菓子で有名な**森永製菓株式会社の創業者、森永太一郎氏**も、クリスチャンです。森永氏は若き頃、渡米先のアメリカで26歳のときに洗礼を受け、クリスチャンとなります。その後、宣教師として日本で宣教活動を試みるものの上手くいかず、キャラメルを主力とするビジネス、森永西洋菓子製造所を設立。これが大ヒットとなり、ビジネスが成長拡大していきます。当初は熱心なクリスチャンだった森永氏は、ビジネスが成功するにつれ、信仰から離れてしまいます。しかし紆余曲折を経て、反省した晩年には信仰を回復させ、クリスチャンとして歩みました。彼の墓石には「罪人の中我は首なり（我は罪人の頭なり）」との反省の言葉が刻まれています。

その他にも、日本の歴史上の経営者には、たくさんのクリスチャンがいます。クリーニングで有名な**株式会社白洋舎の創業者、五十嵐健治氏。**洗剤などで有名な**ライオン株式会社の創業者、小林富次郎氏。パイオニア株式会社の創業者、松本望氏。ヤマト運輸株式会社の二代目社長、小倉昌男氏。**日本の歴史だけを見ても、本当に多くのクリスチャンビジネスパーソンたちが、聖書を土台にこの日本経済界を作ってきたことがわかります。

現代のクリスチャン経営者は、靴下で有名な**株式会社チュチュアンナの創業者、上田利昭氏。**上田氏は私のビジネス経営のメンターであり、良きお友達です。人材教育コンサルティング会社の**アチーブメント株式会社の創業者、青木仁志氏**も熱心なクリスチャン。**株式会社ムラサキスポーツの創業者、金山良雄氏**もクリスチャン。世界に目を向ければ、もっとたくさんのクリスチャンビジネスパーソンがいますが、今回は紙幅の都合上、日本のみのご紹介とします。世界には聖書を土台にビジネスを展開し、成功を掴み取っている方々がたくさんいます。ぜひ皆さんもこの機会に聖書を手に取り、聖書思考を身につけて成功を掴み取って欲しいと願っています。

「世界一のベストセラー」

――聖書はアプリや無料版、大型書店で手に入れ、気楽に読めるここまで読み進めてきた方は、そろそろ実際に聖書を手に取って、読みたくなってきた頃だと思います。では、肝心の聖書という書物は、どこで手に入れることができるのでしょうか？　ここでは、「リアルに聖書を読んでみよう」をテーマに解説していきます。

聖書は、新約聖書と旧約聖書に分かれます。ここでは、聖書の歴史や解釈の詳細は省かせていただきますね。聖書の歴史を知りたい方や、もっと神学的に研究したいという方は、近所のキリスト教会に足を運べは、牧師先生が教えてくれると思います。ちなみにキリスト教会は、大きく分けるとプロテスタントとカトリックと正教会の3種類があります。一時期世間を騒がせた統一教会は、新興宗教なのでご注意を。

聖書には、実はいろんな訳があり、数種類あります。ここでは、日本語版の有名どころを紹介します。まずはじめに、**文語訳。**これは、日本で一番古い訳の聖書で、戦後の日本人にはかなり古めかしい言い回しです。その分趣が深く、愛読者も多いタイプです。2つ目は、**口語訳聖書。**こちらは、文語訳よりだいぶ読みやすくなっています。3つ目は、**新共同訳聖書。**これは、カトリックとプロテスタントの聖書学者が共同で訳したものでバランスが良いとされ、キリスト教系の学校で主に読まれています。4つ目は、**聖書協会共同訳。**こちらは、新共同訳の最新版といった立ち位置で、かなり改良され、読みやすくなっています。5つ目は、私がオススメする**新改訳聖書。**私は子どものときからこの訳を読んでいるのでとても馴染み深く、読みやすいです。最後は、**リビングバイブル。**こちらは、かなりポップな語り口調で、現代版聖書といった立ち位置です。その他にも、いろいろな訳の聖書があるので、時間があるときに調べてみてください。

さて、その聖書の入手方法ですが、まずはお試しとして**スマホのアプリでのダウンロードが便利**です。iphone版、Android版共に、無料版も有料版もかなりの数があります。読みやすく使いやすいものを見つけてみてください。次は、書籍版の購入方法ですが、**Amazonでの購入が可能**です。また、**大型書店**でも取り扱っています。さらに、**キリスト教系の専門書店**も各地域に多数あるので、気軽に行ってみてください。有名なところだと、銀座に〝教文館〟というキリスト教専門書店があり、わかりやすく行きやすいと思います。教文館には、聖書から十字架等のグッズまで、いろいろなものがあるのでおもしろく、新しい発見があるかもしれません。ちなみに有難い書物の聖書、意外と高額なので驚

かないようにしてくださいね。

また、無料でもらう方法もあります。「一般財団法人 日本国際ギデオン協会」というキリスト教の本場、アメリカに本部を置く団体のサイトのページに「聖書リクエストフォーム」があるので、そこから無料で手に入れることができます。あとは、近所の教会に行けば読むこともできます。教会の牧師は神学を専門的に学んできた聖書のプロフェッショナル。聖書研究クラスがある教会も多いので、気楽に学んでみるのもオススメです。ちなみに、教会は基本的に月曜日がお休みです。日曜日は信者の方々の礼拝で、お昼まではバタバタしています。**オススメは、日曜日の10時半からの礼拝スタートに合わせて行き、礼拝で軽く聖書のお話を聞いて、お昼近くの自由時間で「聖書が読みたいんです」と伝えること。**そうすれば、懇切丁寧に対応してもらえると思います。どこの教会がいいのかわからない場合は、私までご連絡くだされば、あなたの街の安心の教会を紹介します。

聖書思考を身につけるには、やはりまずは聖書を手に入れる必要があります。ぜひ自分に合った1冊を見つけてくださいね。

「ビジネスに役立つ格言」

――まず『箴言（しんげん）』『ダビデの讃歌　詩篇』『ソロモン王の伝道者の書』を読もう

この項目では、聖書のパンチの効いた格言的な箇所から、私がオススメする言葉を紹介していきます。

『箴言』、『詩篇』、『伝道者の書』は、ネーミングだけ見るとなんだかお堅い、難しいイメージがあるかと思います。それ以前に、「その字、なんて読むの……」といったレベルかと思います。この3つの箇所は、聖書の旧約聖書に収録されている箇所で、一般的な書籍で言うと、章立てのタイトルといった位置付けです。

格言シリーズを紹介する前に、この項目のタイトルと中身を軽く紹介します。

最初に『箴言』。これは「しんげん」と読みます。『箴言』は、古代イスラエルの王様の1人、ソロモンが書いたと言われています。ソロモンは、ダビデの息子で、知恵の王と言われています。ちなみにダビデは、ルネサンス期最大の巨匠と言われたミケランジェロの作品、あのダビデ像のダビデです。その息子で知恵の王、**ソロモンが、日常の知恵や忠告を教訓としてたくさんの言葉で記している箇所が『箴言』**です。

聖書にはさまざまな読み方がありますが、一般的な書籍のように最初のページから読むと即、挫折します。なので、読みやすい箇所からスタートするのがオススメです。そんなオススメの箇所が『箴言』です。聖書のちょうど真ん中を開くと『箴言』が見つかります。『箴言』は全部で31章なので、1日1章ずつ読めば1ヶ月で読むことができます。中身も、物語というより、格言のオンパレードといった感じです。1箇所紹介すると、「怒る者は争いを引き起こし、憤る者は多くのそむきの罪を犯す。人の高ぶりはその人を低くし、心の低い人は誉れをつかむ」（29章22－23節）。**怒ることや憤ることの愚かさを説き、高慢な生き方より、心を低くした生き方をすすめる、**こんな重みのある言葉が満載です。

次に読みやすい箇所『詩篇』。こちらは、先ほどのソロモンの父、ダビデが記したと言われています。「夕暮れには涙が宿っても、朝明けには喜びの叫びがある」（30篇5節）、「私は山に向かって目を上げる。私の助けは、どこから来るのだろうか。私の助けは、天地を造られた主から来る」（121篇1－2節）。**人生に涙が宿るようなことがあっても必ず喜びの朝が来て、いつも天地を造った力強い神様が共にいて、助けてくれることを説く。**こちらも文学的な表現が心に染み渡ります。

もう1箇所のオススメは、『伝道者の書』です。先ほどご紹介した『箴言』の後に続く箇所です。こちらは、再びソロモンが記したとされ、格言の極みといった箇所です。ちなみに私は、この『箴言』や『伝道者の書』を思春期の15歳前後で読み漁ったせいで、かなり論理的で哲学的な面倒臭い学生になってしまった記憶があります。読み方や見解は人それぞれなので、一概には言えませんが。例えば、「空の空。すべては空」（1章2節）。仏教のお坊さんのような境地になる言葉です。**人生で富や名誉を得てもいつかは必ず死ぬのだから人生とは虚しい。だからこそ人生で本当に大切なものを見つけよ。**そういった悟りを得ることができます。

格言的な聖書の箇所『箴言』『詩篇』『伝道者の書』をご紹介しました。ここでの私の聖書の解釈や歴史の説明は、一般的なクリスチャンが知っているレベルの内容です。繰り返しますが、私は神学者でも聖書学者でもないのでご了承ください。

この格言的な箇所には、確実にビジネスの成長に繋がるアイデアやヒントが満載なので、ぜひ一読をオススメします。

「生き方の羅針盤」

——朝一番に聖書を開き、
その日のヒントを1つ見つける

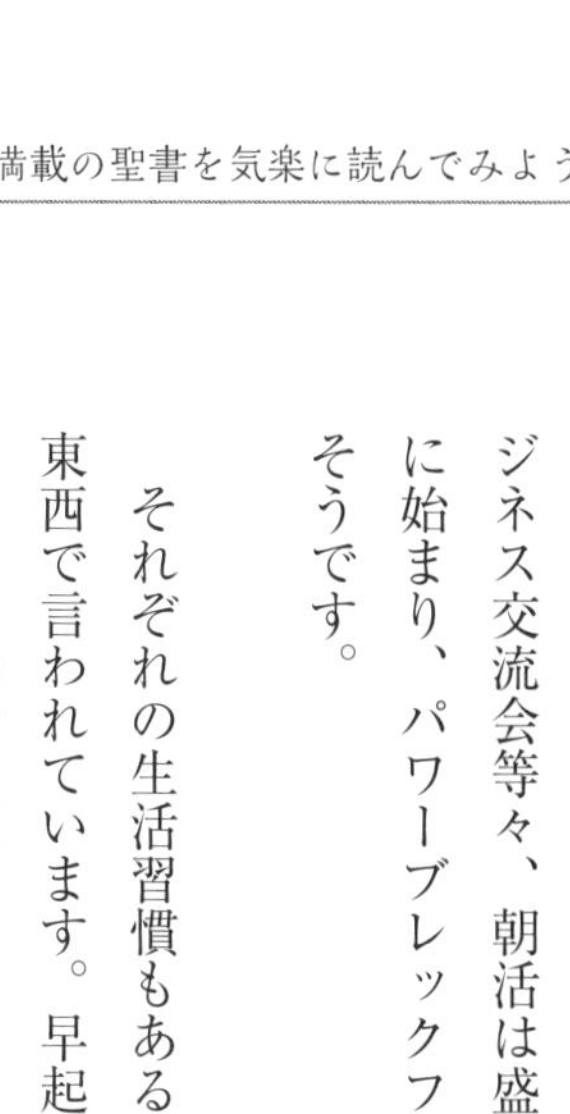

意識の高いビジネスパーソン界隈では、朝活の重要性が謳われています。朝の読書やビジネス交流会等々、朝活は盛んです。アメリカのデキるビジネスパーソンは、朝の筋トレに始まり、パワーブレックファーストと称して朝ごはんを食べながらミーティングをするそうです。

それぞれの生活習慣もあるので、一概に朝が最強とは言えませんが、朝の重要性は古今東西で言われています。早起きは三文の徳、現代では、三億円の徳という人もいます。また、朝の30分は夜の2時間に匹敵すると言われるほど、効率の良さがあるようです。

そんな朝ですが、皆さんはどのようにスタートしていますか？ **どのように朝のスタートを切るかで1日の歩み方、ひいては人生が変わってくるのは確か**だと考えます。

布団の中でギリギリまで粘りバタバタと1日をスタートする人生や、あまりためにならないＳＮＳチェックから1日を始める人生。さっと起き、熱いシャワーを浴びて30分でも資格の勉強をして会社に向かう人生。もちろん、どんな生き方も十人十色、朝を活用するもしないも本人の自由です。しかし、朝の習慣は、長い目で見ると人生に多大な影響を与えているように感じます。

例えば、35歳の人が、物心がつき始める15歳から朝活を意識したとしましょう。15歳から35歳までの20年間、朝は何回訪れるでしょうか。単純計算で1年を365日とすると、20年だと7300回朝を迎えることになります。たかが朝のスタートですが、されど朝のスタートです。**7300回の朝をどのように迎えてスタートするかで、人生は確実に大きく変わっていきます。**

この7300回の朝を、布団の中でギリギリまで粘りSNSチェックから始める人生と、30分でも勉強をしたり聖書を読んだりしてスタートした人生。どちらの人生を送っている人が心豊かに生きているかは、明らかでしょう。

人間は毎日の積み重ねによって、その人となりや人生が作られます。あなたはこれまでの朝に、何を積み上げてきましたか？　10年20年30年と生きている限り、必ず朝を迎えま

す。たかが朝のスタートですが、**何気ない朝の習慣があなたの人生を作っていく**と言っても過言ではありません。

そんな朝に、**私が続けていることは、聖書を5分でもチラッとでも読むこと**です。クリスチャンは幼少時代から、朝に聖書を読みつつ神様に思いを向ける習慣を身につけます。聖書の言葉から生き方を問い直し、神に思いを向ける。前向き思考でマインドをセットし、1日をスタートする。聖書に登場するイエス・キリストも、『マルコの福音書』の中で「朝早くまだ暗いうちに起きて、寂しい所へ出て行き、そこで祈っておられた」という記述があります。私たちは、暗いうちに起きてまで勉強したり祈ったりすることはなかなかできませんが、**毎朝の活用方法を今一度、見直す必要はある**と思います。

せっかくこの書籍で聖書思考を学ぼうとしているのならぜひ、聖書を朝イチに読んで人生を変える一歩を踏み出してみましょう。小さな朝活の積み重ねが、必ず大きな人生の変化に繋がっていくはずです。

「教会の礼拝」

——日曜日の朝10時半、教会で牧師の話を聞くと
新たなヒントが得られる

ここまで、聖書の購入の仕方から読み方まで、軽く解説をしてきました。しかし、実際に読み始めてみると、**聖書は歴史もあり、奥深い書物であることを実感するはず**です。聖書マニアの中には、原文で読むからこそ奥深さを知ることができると言う方もいます。旧約聖書はユダヤ教のイスラエルが発祥の地で、ヘブライ語で記されているため、ヘブライ語を学んで読むのです。また、新約聖書の原文はギリシャ語なので、ギリシャ語を学び、「いやあ、やはり本来の言語で読む聖書はさらに奥深く格別だ」とマウントを取ってくる聖書マニアもいます。

英文や、日本の一番古い文語訳が味わいがあってたまらないと言う方々も多く、聖書は本当に奥深い書物です。もちろん、ちょっとした生活やビジネスのヒントを得ようというレベルであれば、普通に書店で売られている聖書でも、全く問題ありません。読むだけでも確実に多くの学びや気づきを得ることができます。カジュアルに誰でも気楽に読める良さもあります。しかし、世界の人口の4分の1である23億人もの人々に、数千年にわたって伝承され、読み継がれている書物ですから、**真髄を理解し解釈するのが難しいこともまた事実**です。

それだけの書物ですから、世界中の各種大学に神学部が設置され、聖書が研究されています。日本だけを見ても、有名どころだと上智大学・同志社大学・関西学院大学・西南学院大学等々に神学部が設置され、聖書研究がなされています。ちなみに私は、東京基督教大学で4年間実践的に聖書を学び、現在に至ります。

車に例えるなら、歴史があり格式も高く近寄り難いが、実はカジュアルでサッと乗れるロールスロイスのようでありながら、軽自動車のような手軽さもある、そんなオールマイティーな最強の書物が聖書なのです。

そんな聖書ですが、やはりなかなか読むのは難しいと感じる人は、ぜひ、近所の歴史ある真っ当なキリスト教会へ行ってみるのをオススメします。キリスト教会は、ほぼ万国共通で、毎週日曜日の午前10時半から日曜礼拝を開催しています。ここで**牧師先生が聖書について、現代社会を生き抜く私たちに向けて、具体的にわかりやすく説教という形で説明をしてくれます。**どなたでも無料で参加できます。最後に献金というお金を捧げるシーンがありますが、全くもって自由なので、しなくても大丈夫です。

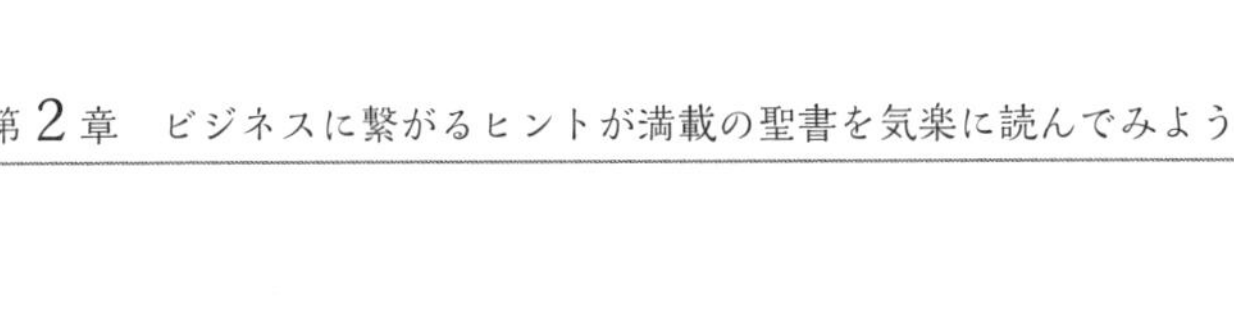

また教会によっては、水曜日の午前や夜に、聖書研究会という、聖書をさらにわかりやすく学ぶ集いを開催している所もあるので、そちらに参加して学んでみるのもいいかもしれません。どこのキリスト教会がいいのかわからない方は、私までお問い合わせくだされば、あなたの街の歴史のあるオススメの教会をご紹介します。

教会では、年間を通して、ゴスペルスクールや英会話スクール、クリスマス特別礼拝や教会コンサート、バザーなど、**地域の方々が気楽に無料で参加できるイベントが盛りだくさんなので、そういったイベントから参加するのも良い**かもしれません。

ちなみに、プロテスタント教会とカトリック教会ではどちらが良いかと言われたら、私がプロテスタントをよく知っているということもありますが、**プロテスタント教会の方がカジュアルで、最初の出だしとしてはいい**のかなと思います。

いずれにせよ、教会は皆さんが思っているほど格式高くはなく、どなたでもウェルカムなので、ぷらっと訪ねてみてください。

「世界のビジネスの常識」

――海外のビジネスパーソンは神の存在を前提に生きている

世界の三大宗教は、皆さんもご存知かと思います。第3位が仏教で4億人。第2位がイスラム教で16億人。そして栄えある第1位は、キリスト教で23億人です。世界の人口が80億人（国連人口基金「世界人口白書２０２３」）ですので、キリスト教人口の割合は約4分の1を占めます。日本のキリスト教徒の数は１％前後と言われているので、日本では残念ながら弱小宗教ですが、**世界全体で考えると、最大の勢力を誇る宗教はキリスト教と**なるわけです。

海外のビジネスパーソンの成功者としては、現在のバイデン大統領やジョージ・W・ブッシュ元大統領などが挙げられます。米大統領の就任式の宣誓の際、聖書に手を置き「神に誓って（so help me God）」と誓いをするシーンこそ、キリスト教国の象徴的な光景です。最近の方だと、歌手のジャスティン・ビーバーもクリスチャンです。

それぞれの国の文化には、その国々の宗教が強く影響しています。日本は、儒教や仏教の意識が文化に強く影響を与えていると言われます。先祖を敬う意識やお陰様意識など、生活のあらゆるところに宗教的意識が根付いています。同様に、アメリカではキリスト教の意識が根付いています。

海外の宗教学者の方とお話しした際に、こんな質問を受けました。「日本が仏教国だと言われたのは過去の話で、今のほとんどの日本人は、自分は無宗教だと言う。無宗教つまり神の存在なしにどのようにして道徳を教育するのか?」と。海外では、道徳的思想は宗教を前提に教育をするのです。アメリカの若者も事あるごとに「Oh! my God」や「Jesus!」と聖書の神に悪態をつきつつ、神の存在を意識しています。

日本人は、道徳的な判断が必要なときには、神を意識するより、周りの目を気にする国民です。幼いときから、「他人様には迷惑を掛けないように」と口酸っぱく教えられてきた文化背景があります。また日本は狭い島国なので、村意識が強く、村八分を恐れる意識が道徳に直結している感があります。近頃の若者には、人様に迷惑を掛けることなどどうでもいいという人も増えてきていますが、日本人の根底には他人意識があると思います。

海外、特にキリスト教国は、皆さんも海外旅行で必ず訪れる教会が中心の生活です。古い街になればなるほど、街の中心には大きな教会があり、毎週日曜日には礼拝に参加し、聖書の神様を中心とする生活を何百年と繰り返してきました。**人の目を気にすることも大切にしますが、神の存在、神の目を気にすることを教えます。**現代は、キリスト教国の若者も教会離れが進んでいるようですが、それでも神の目を意識して生きる在り方は、文化的な生き方の1つになっています。

そんな文化背景で生きる海外のクリスチャンビジネスパーソンは、もちろん聖書思考を土台として生きています。旧約聖書『伝道者の書』にこのような言葉があります。「あなたの若い日に、あなたの創造者を覚えよ」。つまり、あなたを意味ある存在として作った神の存在をしっかり覚えて生きなさいという言葉です。クリスチャンビジネスパーソンの思考には、偶然はありません。全ては神の御手の中でなされていると考えます。神在りきの人生。神は全てを良くしてくださる存在であると信じているので、自ずとプラス思考になっていきます。神から来るプラス思考で生きるわけですから、無論、人生の生き方は積極的になり、力強く勝利に導かれていくというわけです。

クリスチャンビジネスパーソンが強い理由は、神を意識しているからなのです。

「教養としての聖書」

――インテリ層は教養としてキリスト教文化に触れ、
聖書を読んでいる

日本にはキリスト教系の学校がいくつあるかご存知でしょうか。一般社団法人キリスト教学校教育同盟の調べによると、大学院39、大学55、短大20、専門学校8、高等学校94、中学校73、小学校28の計317校あり、**年間34万人近くがキリスト教系の学校で学んでいます。**キリスト教学校教育同盟に加盟していない保育園や幼稚園なども入れると、実はかなりの数の人がキリスト教系の教育機関で学んでいることがわかります。

最新の文化庁の調査によると、文部科学大臣所轄包括宗教法人として登録されているキリスト教会の数は5763件で、日本にはそれだけのキリスト教会があります。みんな大好きマクドナルドの2023年の全国の店舗数が2982店なので、**マクドナルドの倍近くの教会が日本には存在している**のです。ただ、マクドナルドは年々店舗数が増え続けていますが、キリスト教会は牧師の人手不足や高齢化により、年々減少傾向にあります。

またゼクシィの最新発表によると、**日本でのキリスト教式の結婚式の実施率は56％と、約半数を占めています。**クリスマスもお祝いし、イースターも祝う。流行りに左右されやすいミーハーな国民性なのでしょうが、実はキリスト教にはたくさん触れているのです。

先述のとおり、日本では年間34万人がキリスト教系の学校で学んでいるため、聖書に触れて育ってきている人は多いです。しかし、本当の聖書の読み方がわからなかったり、興味がないので真剣に学ばなかったりと、クリスチャンの数が増えないのが現状です。

しかし、聖書に関係する書籍には、ベストセラーが数多くあります。カトリックの修道女で教育者の渡辺和子氏の著書『置かれた場所で咲きなさい』（２０１２年、幻冬舎）は累計２００万部超の国民的ベストセラーになっています。その他にも、キリスト教系の本は特に年配の方々に、教養として読まれ親しまれています。何よりも**聖書の発行部数は、日本聖書協会の発表で、８万４０００冊。毎年この数を発行し続けているのです。**

ここ近年はコロナ禍や円安の影響で、海外に渡航する日本人の数は、ピーク時の約半分の９６０万人になっていますが、それでも多くの日本人が海外旅行に行きます。ソニー銀行の「マイルと海外旅行に関する調査」によると、本当に行きたい旅行先は、１位がアメリカ（ハワイ・グアム含む）、２位がイタリア、３位がフランス。いずれもキリスト教国で、特にヨーロッパ旅行での行き先としては、キリスト教の教会や大聖堂が必ずベスト5

に入ります。**ヨーロッパを優雅に旅行する人たちは、歴史や文化、絵画などをしっかりと学びます。教養として、キリスト教文化を身につけているのです。**教会や大聖堂に足を運び、キリスト教の歴史的背景を持つ絵画を楽しみ、ワインを片手にその旅の話で盛り上がる。インテリ層の憧れのライフスタイルには、キリスト教の素養が必要不可欠なのです。

本気で海外旅行を歴史的に楽しむのであれば、聖書思考を学ぶ必要があります。アメリカにしろヨーロッパにしろ、海外の文化はキリスト教とは切っても切り離せません。皆さんもインテリな雰囲気を身につけたいなら、まず聖書をお洒落に読む。そしてキリスト教系の絵画や文化を嗜む。ワインを片手に「あの絵画の背景には、聖書の言葉が関係していて云々」とカッコ良く語ってみてはいかがでしょうか。

日本でも、お洒落な街には実は、歴史ある素敵な教会が存在しています。都内で言えば、銀座、目黒、広尾、品川、御茶ノ水等々、全て駅から徒歩で行ける範囲にお洒落な教会があります。そこに集っている教会員は多くが高級志向のインテリな方々で、聖書を読み、聖書思考を愛し、品よく集っています。ぜひ、お洒落な教会に足を運んでみてください。

第3章

ビジネス成功には品格も必要、聖書から人としての見せ方を学ぶ

「彼の容貌や、背の高さを見てはならない。
わたしは彼を退けている。
人が見るようには見ないからだ。
人はうわべを見るが、主は心を見る。」

サムエル記第一　16章7節

――「人は上辺を見るが神は心を見る」
人の視点で外見を磨き、神の視点で心を磨く見た目が9割、そんな言葉が巷では流行っています。1960年代に活躍した心理学者アルバート・メラビアンが提唱したコミュニケーション理論に、メラビアンの法則というものがあります。この理論によると、対面でのコミュニケーションにおける影響の割合は、言語（言葉自体）が7％、聴覚（声のトーン）が38％、視覚（非言語的な要素）が55％と示されています。非言語的な要素とは、身振り手振り、表情、姿勢、服装など、言葉以外の方法で伝えられる情報のことです。見た目が9割と言われる理由は、非言語的な要素（見た目を含む）が全体の印象に占める割合が大きいからです。言葉よりも見た目や声のトーンが人の印象に強く影響するのです。

しかし、メラビアンの法則は、感情や態度を伝える状況に限定されることを、理解する必要があります。見た目が良いと、ポジティブな非言語的メッセージを送ることができるため、信頼性や好感度が上がります。しかし、本当の意味で人を理解したり評価したりするには、見た目だけでなく、言葉の内容や声のトーンなど、全体的なコミュニケーションを考慮する必要があります。つまり**本心から出る言葉の内容やハートがこもったトーンも重要**ということです。

聖書のストーリーでも、見た目と心の重要性を説いています。人は、相手の本心や中身を知ることはなかなか難しいです。「人は外見じゃない、中身が重要だ」と力説する人もいますが、私は、**心の表れが見た目**だと感じています。見た目がだらしない人は、やはりそれなりに心の中身もだらしない。見た目がシャキッとしていて綺麗にしている人は、やはり心の中もシャキッとしている。

さらに聖書では、神は心を見ると言われます。人には知ることができない相手の本心、その心を神は見ていると言うのです。聖書思考で生きる生き方として、**神には自分の心を見透かされていると覚えておくことは、人として大切**だと思います。小手先で見た目だけを磨いて、心の中は腹黒い、というのでは残念です。いずれは、その腹黒さが見た目にもジワジワと表れてくるでしょう。

「人は上辺を見るが神は心を見る」。この**人と神の2つの視線を意識することが重要**です。まず、人の目を意識すること。人は外見からその人を瞬時に判断します。別の研究によると、人は出会った瞬間の2秒で好き嫌いを判断するとも言われています。その後、コミュニケーションを取っていく中でゆっくり本当の良さを知っていくパターンもありますが、やはり見た目をしっかりと磨いていくことは重要なのです。

一般的には、人の目だけしか気にしないのが日本人スタイルです。他人様に迷惑を掛けてはいけないという意識が日本人には染み付いているように感じます。しかし、**人の目を意識するだけではなく、神の目を意識し、心を磨いていくことも大切**です。

中国の古い哲学者、孟子の言葉に「目は心の鏡」というものがあります。目はその人の心を映し出す鏡のようなものだから、目を見ればその人の心のさまが読み取れるという意味です。つまり、心が清く正しい人は、瞳も澄んでいるものだということです。心と見た目は、まさに一心同体。神の目を意識して心を徹底して磨きましょう。そうすれば、自ずと瞳が美しくなり、表情も輝き出します。**心を磨いて、見た目もお洒落に清潔に整える。これでもう完璧**です。

心と見た目磨きの2つを意識するだけで、ビジネスも人生も確実に好転していきます。これを機会に、今一度、自分の見た目と本心をチェックしてみましょう。

「小さい事に忠実な人は、大きい事にも忠実であり、
小さい事に不忠実な人は、大きい事にも不忠実です。」

ルカの福音書　16章10節

——「小事は大事に至る」ペンや靴・シャツの襟まで
安くても綺麗な品を使う

前項で、見た目と心の中身の重要性を説きました。その見た目に繋がる内容を、ここでは見ていきたいと思います。冒頭の言葉は、読んだとおりの内容で、小さなことに忠実な人は、無論、大きなことにも忠実だという内容です。社会における人の生き方を見ていくと、**大きな結果ばかりを追い求めて、目の前の小さなことを蔑ろにしてしまう人が多い**ように感じます。

いろんな例があると思います。例えば、人前では自分をカッコよく見せて、笑顔が最高に素敵な芸能人。しかし、プライベートでは、愛想が悪く問題行動が多い。一時は見せかけの格好良さと笑顔で売れていても、プライベートはボロボロ。そんな生き方では、いつかはその本心がバレて消えてしまう。そんな話は、たくさんあります。表裏一体という言葉がしっくり来るかもしれません。

イタリアに「その人が履いている靴は、その人の人格そのものである」という諺があります。たかが靴、されど靴。人生や日々の生活において、靴は小さなことかもしれません。しかし、毎日外に出かける際には、私たちは必ず何かしらの靴を履いて出かけます。

最高級ブランド品だけどソールが擦り減って汚い靴もあれば、ノーブランドの低価格品だけど綺麗に履かれている靴もある。その靴に人格が表れるというのです。靴なんてあまり気にしたことがなかったという人こそぜひ、靴を確認してみてください。今、あなたが履いている靴は、磨かれ管理されて綺麗な状態ですか。今から会う人の靴を見てみてください。ブランドの靴でも、汚れてボロボロだったら何を想像しますか。**靴やペンやシャツ等々、身につける物全てに、その人の生き方や考え方、人格が表れる**のです。

靴の細部にまで意識を向けて綺麗に保っている人は、仕事も丁寧です。低価格で今にもインクが出なくなりそうなペンを使っている人は、やはりどこかルーズだったりします。男性であれば、シャツやネクタイを見ます。シャツの襟が皮脂で汚れていたり、ほつれていたりする人は、やはり細部への管理が行き届いていません。ネクタイもヨレヨレで毛玉ができているなどというのは、もう論外です。細部にこそ、その人の生き様が表れると言っても過言ではないと思います。

小さなことに意識がしっかりと向いている人は、もちろん大きなことにもしっかりと意

識が向きます。小さな積み重ねの先に大きな結果があるからです。仕事も同じで、小さな案件をしっかりと丁寧にできない人に、大きな案件が務まるでしょうか。「小事は大事に至る」。今一度、自分の身の回りの小さなことにしっかりと目を向けてみましょう。小さなことを馬鹿にしてしっかり真面目にやらない人は意外と多いです。そんな人ほど、いざという時にミスを犯しがちです。自分のデスク、日々の掃除など、人からは見えないところにこそ、意識を向けて全力で準備をし、しっかりコツコツ積み上げていく。**小事を大切にできる人は、本当の大きなことをできる人**だと私は感じています。

靴をきちんと管理し、綺麗にしていますか？　シャツは汚れたものを着ていませんか？　ペンは仕事に適したものを使っていますか？　爪先は綺麗に磨いていますか？　カバンは、その場に適した綺麗な物を使っていますか？　名刺入れは大丈夫ですか？　髪型は今のビジネスに合ったカットですか？　腕時計は年齢相応の物を身につけていますか？　**他人様は、意外と細部を見てその人が何者であるのかを判断しているもの**です。皆さんだって、細部から他人を判断し評価していることでしょう。小事を制するものは大事を制します。もう一度、自分の細部をしっかりチェックしましょう。

「彼らは、
長い衣をまとって歩き回ったり、
広場であいさつされたりすることが好きで、
……見えを飾るために長い祈りをします。」

ルカの福音書　20章46－47節

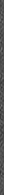

――「見栄を張るな」虚栄心を満たすためだけに
無駄なところにお金を使うと失敗する

いつの時代も見栄っ張りはいるものです。聖書の『ルカの福音書』は、時代背景から考えると、紀元1世紀ごろ、現在のイスラエルでの話になります。この頃は、宗教者のような立場の専門家が社会的地位の高い時代でした。彼らは律法学者と呼ばれ、いかにも忙しそうに長い衣のマントを靡かせながら街を歩きまわりました。そして「先生、先生」と挨拶されると偉そうに振る舞い、集いの場では上席に案内されることを好みました。さらに、見栄を張るためにあたかも立派なお祈りをしているかのように長々と祈り、自分の立場をフル活用し、見栄っ張り全開で生きていました。その見栄っ張りな生き方を叱責する形で、イエス・キリストが本当の生き方を説いた箇所です。

いつの時代も、そんな屁の突っ張りにもならない、見栄っ張りなお偉い方が巷に溢れています。近頃だと、見栄っ張りで虚栄心を必死に満たそうとする輩が、年齢関係なくSNSやメディアで取り上げられ、奮っているように感じます。人は見栄っ張りになりたくなる、そんな生き物なのだと思います。虚栄心とは、自分を実質以上に見せようと、見栄を張りたがる心のことです。SNSでリア充ぶりをアピールする人などは、「虚栄心の塊」といったレッテルを貼られてしまいます。見栄は、他人の目を意識して、自分をよく見せようとすること、体裁をつくろうことを意味します。

何も見栄っ張りが悪いわけではありません。見栄を張らずに見すぼらしくしているのがいいとも限りません。**身の丈に合った、バランスが大事**だと思うのです。ビジネスにおいても、頑張れば必ず地位は上がっていきますし、年収も上がっていきます。その努力の結晶としていい車に乗る、いい家に住む、身なりや生活を豪華なものにする、といったことも大事でしょう。でも、**その着飾り方を今一度、何のためにするのか、自分の心に問うて欲しい**のです。

ビジネスなどで成功の道を歩み始めると、見栄っ張りのハートがウズウズし始めるのが愚かな人間の性です。成功しているならまだしも、何の根拠もないのにただ見栄を張りたいだけで、借金までして着飾ろうとする方々はもっと危険です。ビジネス的な目線で考えるのであれば、**その資金を、見栄を張るために使いたくなるのをグッと抑えて、本当に必要なところに使うべき**です。口で言うのは確かに簡単ですが、ビジネスが成功し始めたり、地位が上がったりすると、その見栄っ張りな心をコントロールするのが難しくなるでしょう。

かく言う私も、ビジネスが軌道に乗り始めた頃、散財はしませんでしたが、その葛藤に襲われたことを思い出します。見栄を張り過ぎて大きな失敗はしませんでしたが、振り返るとあのお金は、もっとビジネスの違う投資に使っていれば良かったなと反省する部分も多々あります。**見栄っ張りで生きてしまうと失敗を招く**ということを、聖書では人間の愚かな性として、2000年前から語っているのです。

自分の努力の結晶として、バランスよく贅沢することを悪だとは言いません。贅沢を1つの目標とすることが、ビジネスや人生において、努力する起爆剤になるのも確かです。しかし、その**贅沢を他人に見せびらかし、見栄っ張りで生きる姿は、あまり好ましくないのではないか**と思うのです。「自分で稼いだ金だ。何に使っても、自慢して見栄を張ってもいいんじゃないか」という方もいるでしょう。それはもちろんいいのですが、その**ギラギラとした見栄っ張りな生き方が本当にカッコいいのか、もう一度、自分の心に問うて欲しい**のです。私自身が自分に強く言い聞かせたいこととしても、お伝えしました。

「わたしの恵みは、
あなたに十分である。
というのは、わたしの力は、
弱さのうちに完全に現われるからである。」

コリント人への手紙第二　12章9節

――「既に恵みは十分」持っているもので満足せよ、
身の丈に合った展開で効果が出る

もっとお金が欲しい。もっといいところに住みたい。もっとブランド鞄が欲しい。もっとビジネスを成功させたい。もっと地位を上げたい。もっともっと……。そんな心の声が聞こえてきます。皆さんの貪欲指数はいかがなものでしょう。このような貪欲消費主義のマインドは留まることを知りません。私たちが日々生きていく上で直面する欲求は、私たちを疲れさせたり、欲求不満にさせたりします。もちろん、この欲求が成長の糧になる場合もありますが、多くは、追い求めれば求めるほど疲弊するものです。聖書は「わたしの恵みは、あなたに十分である」と現状に感謝することを教えます。

「既に恵みは十分」という言葉は、簡単そうに聞こえますが、実践するのは簡単なことではありません。私たちの周りには常に「もっと欲しい」「もっと良くなりたい」という思いが溢れているからです。しかし、**今持っているものについて、たとえそれが完璧ではなくとも、その価値を認識し感謝することで、私たちの心はより豊かになります。**身の丈を認め、感謝の気持ちを持つことで、私たちの見方は大きく変わります。例えば、忙しい1日の終わりには疲れを感じるかもしれません。しかし、その疲れ自体が、一生懸命働けること、また働く場所があることへの感謝に変わります。

しかし、現状に感謝する心を育てるには、日々の練習が必要です。**小さなことでもよいので、毎日3つの感謝の対象を見つけ、それについて熟考する時間を持つことから始めてみましょう。**それは食べ物、家族、友人、健康、仕事、または美しい自然の景色など、どんなものでも構いません。大切なのは、現在の身の丈に心から感謝することです。

また、**現状に感謝する心は、私たちのストレスを軽減し、全体的な幸福感を高めることが科学的にも証明されています。**感謝の気持ちを持つことで、私たちの心はポジティブなエネルギーで満たされ、ネガティブな感情は減少します。これにより、心の平穏が促され、日々の生活の中でより良い選択ができるようになります。さらに、**現状に感謝する心は、人間関係にも良い影響を与えます。**人に感謝を示すことで、より強い絆が築かれ、相互理解と尊敬が深まります。これは家庭だけでなく、職場や友人関係にも当てはまります。感謝の言葉は、私たちの周りの人々をも幸せにする力を持っています。

現状に感謝する心を持つことは、自己成長にも繋がると感じます。今ある現状から持っているものの価値を理解し、それに感謝することにより、自分自身との関係、そして周りの世界との関係を再認識する。すなわち、自分自身をより深く理解し、自分の価値と周囲の人々や環境に対する感謝を深めるプロセスです。この理解と感謝は、私たちが直面する日々の挑戦を乗り越える力を与えてくれます。現状に感謝する心を育むことは、シンプルですが強力なステップです。この練習を通じて、人生における美しさと価値を再発見し、日常生活に新たな意味と目的を見出すことができます。この感謝の習慣は、私たちの人生を豊かに、より充実したものに変えることができるのです。

しかし、現状に感謝する心を育てることは、一朝一夕にはできません。**日々の練習と反省を通じて、この習慣を育てることが重要**です。毎日の終わりに、その日の感謝を３つだけでも思い出し、それらのことに対して本当に感謝する心を持ってみてください。

「既に恵みは十分」と現状に感謝する心を持つことは、私たちの人生をより明るく、より意味のあるものにする選択です。それは、私たちが持っているものの真の価値を認識し、その価値を最大限に生かすことを可能にします。現状に感謝することとは、私たちが目の前にある無限の可能性を認識し、それを最大限に活用するための第一歩なのです。

「受けるよりも与えるほうが幸いである。」

使徒の働き　20章35節

――「受けるより与えるが益」
お客様には小さなサービスをして
しっかり言葉で伝える

ここでは、葬儀終活の専門家の目線から、「受けるより与えるが益」について、私の経験と、お客様に提供する小さなサービスの価値に焦点を当ててお話しします。

ビジネスでの成功は、数字や成果だけでなく、お客様からの信頼と満足度によっても測られます。私が葬儀終活業界で学んだ**最も大切なことの1つは、心からのサービスを提供することの重要性**です。これは、お客様1人1人に対する深い配慮と、それを伝えることが重要だということです。

「受けるより与えるが益」とは、**私たちが他人に与えるとき、実は自分自身にも大きな価値をもたらしているという考え方**です。例えば、小さなサービスや、寄り添う姿勢、心からの「お疲れ様でございます」や「お祈りしております」といった一言は、全てお客様にとって計り知れない価値があり、そしてその価値は自分にも返ってきます。

小さな心遣いやサービスはなぜ重要なのでしょう。それは、**人々が本質的に求めているものは、製品やサービスそのものではなく、「つながり」だから**です。私たちは社会的な存在であり、誰もが理解され、尊重され、大切にされたいと願っています。**私たちが提供**

する小さなサービスは、そのような「つながり」を築く最初の一歩になるのです。

また、言葉で感謝を表現することの力は計り知れません。私は、仕事で関わるお客様に全力で向き合うことに努めています。それは単なる礼儀ではなく、私たちのサービスがお客様の心に深く響くようにするためです。この小さな行為が、お客様との間に信頼と感謝の絆を築き上げていきます。**本当に価値あるサービスを提供するためには、お客様の立場に立って物事を考えることが不可欠**です。自分たちのサービスや製品がお客様の人生にどのように影響を与えるかを理解し、それに応じて行動する。お客様に寄り添うことで、お客様のニーズをより深く理解し、有益なサービスを提供することができます。

中には、受けることばかりを望み、与えるのは損だと考える人もいますが、与えたものは必ず何らかの形で戻ってきます。小さなサービスや感謝の言葉は、直接的な報酬や利益をもたらすとは限りませんが、長期的にはお客様の信用・信頼、そして口コミによる新たな顧客獲得へと繋がります。実際に、私が心を込めて提供してきたサービスは、お客様の心に深く刻まれ、記憶に長く残っていると自負しています。このような経験を通じて、私のビジネスは確実に成長し、さらに多くの人々に価値を提供することができていると感じています。

「受けるより与えるが益」。この原則を実生活に適用するには、毎日の意識的な努力が必要です。私たち1人1人が、お客様や周りの人々に対して小さなサービスを全力で提供し、心から繋がる思いで関わる。この積み重ねがより良いビジネス環境、より良い社会を築いていくはずです。しばしば、大きなジェスチャーや高価なプレゼントが重要だと考えられがちですが、真の価値は、日々の小さな行為にあります。**1人のお客様に対して行った小さな親切が、次第に全体のビジネス文化を形成し、それが社会全体に広がっていくの**ではないでしょうか。

私の業界、葬儀終活では、人と人との繋がり、心からの思いやりが、何よりも大切です。お客様と深い絆を築くことが、私たちのビジネスを支え、さらには社会を豊かにしていきます。そしてこの原則は、どの業界にも適用可能です。**どんな仕事でも、どんな立場の人でも、私たちは皆、与えることの価値を理解し、実践することができる**のです。

「強くあれ。雄雄しくあれ。
恐れてはならない。おののいてはならない。
あなたの神、主が、
あなたの行く所どこにでも、
あなたとともにあるからである。」

ヨシュア記　1章9節

――「強くあれ雄々しくあれの精神」

起業し始めは2種類の名刺を持ち、大きく見せる起業したての頃は、本当にさまざまな課題に直面します。認知度の低さ、リソースの限られた中での競争、そして最も重要な信頼の構築。これらは全て、起業家が直面する普遍的な課題だと思います。しかし聖書が語る「強くあれ、雄々しくあれ」の精神を持つことで、これらの課題を乗り越えることができます。聖書は、神様が味方だから強く雄々しくあれと励ましてくれるのです。そして、**この精神を体現する1つの方法が、堂々と自信を持って、2種類の名刺を持つこと**です。

名刺交換の際、「株式会社○○　代表取締役」とあり、さぞ大きな会社なのかと思えば、ひとり起業の社長は意外と多いです。一昔前は、株式会社の法人登記をするには1000万円の資本金が必要だったので、年配の方々には「株式会社」というキーワードは強いです。しかし現在は、誰でも株式会社を作れるので、なんちゃって株式会社の起業家はたくさんいます。なので名刺交換をすると、「スタッフさんは何名いらっしゃるんですか？」と遠回しにひとり起業の弱小零細企業かどうかを探られます。このように、せっかく株式会社にしても、会社の規模で取引ができるかどうかも変わってくるので、ひとり起業からのスタートでは、**ビジネスをどう大きく見せるかが重要なポイント**になります。

私が使っていた名刺活用テクニックをここではお伝えします。まず、手作りはやめましょう。お客様や関係業者の方々は、名刺の質で、あなたの会社レベルを測っています。つまり、名刺が手作り、安っぽい、ダサい等々では、「あ、この会社はこの名刺レベルだな」と判断されてしまいます。**名刺作成のポイントは、プロに頼んでお金をかけ、カッコいいデザインで質もいいものを作ること**です。名刺1枚も、冗談抜きに馬鹿にできません。

ここで名刺2種使いの登場です。ビジネスでは名刺を差し出すシーンがたくさんあります。**対関係業者さんやビジネス交流会では、代表取締役の名刺を使ってください。**そこで大事なのはあなたの立場です。その肩書きが交流するのに値する相手かを、関係者は見ています。ここで変に凝りすぎると、どこの誰で何をやっている人なのかわからなくなります。しっかりと会社の事業内容と自分が代表者だとわかる名刺を配っていきましょう。

お客様にお渡しするときは、ケースバイケースで使い分けは必要ですが、私は「株式会社ライフワークス　セレモニースタッフ」という、あたかも従業員風の名刺を使っていました。私の仕事は主にお葬式なので、スタッフの数が多くないと対応できないイメージの仕事です。実際は、専門派遣スタッフさんらの協力でできるので、電話1本あればできるビジネスですが、お客様はそれでは不安になってしまいます。

私のビジネスで代表取締役の名刺1枚で活動すると、営業先で「え？ 社長さんがわざわざ営業するの？」とか「え？ 社長さんが1人で来たけどスタッフはいないの？」といった見え方になってしまいます。なので、**自分のビジネスを大きく見せるために、お客様に対しては、あえてスタッフのような名刺を使っていた**のです。ひとり起業のスタート時は、お客様にはあえてスタッフのような名刺を使って会社を大きく見せ、ビジネス交流会では「私が社長なんですよ！」と言わんばかりの社長の名刺を使う。このような**名刺2種使いでビジネスを雄々しく大きく見せ、多くのビジネスチャンスを掴んできました。**

名刺はたった1枚の小さなカードですが、その素材・デザイン・肩書き・住所・電話番号（フリーダイヤルや代表番号がない、携帯番号しかないものもNG）などから、相手はあなたの本気具合を探っています。名刺作りや渡し方を工夫し、「強くあれ雄々しくあれの精神」で、ビジネスチャンスを掴んでいきましょう。

「ただ、キリストの福音に
ふさわしく生活しなさい。」

ピリピ人への手紙　1章27節

――「ふさわしく生きる」あなたの行動が会社の評判、
プライベートこそ見られている

冒頭の言葉は、「キリストを知っている者として、ふさわしく生きなさいよ」との戒めの言葉です。クリスチャンであればクリスチャンとして、誰が見ても恥ずかしくない生き方を心掛けようということです。**ビジネス社会で生きる私たちの行動は、個人的なものではなく、会社全体のイメージや評判に直接影響を及ぼします。**特に経営者やある程度の地位の人は、そのことを意識して行動する必要があります。つまり、私たちのプライベートの時間の過ごし方が、多くの人の目に触れていることを意識する必要があるのです。

近頃は、社員1人の行動がＳＮＳで瞬時に広がり、会社の評判を良くも悪くもします。例えば、社外での不適切な行動や発言が公になった場合、会社のブランドや信頼性を損なう結果に繋がる可能性があります。したがって、**プライベートな環境であっても、自分が会社の代表であるという意識を持つことが重要**です。

では、私たちはどうすればプライベートとビジネスのバランスを保ちつつ、会社の評判を守ることができるでしょうか。まず、**自分を客観視する重要性を理解すること**です。自分の行動や発言がどのように解釈される可能性があるかを常に考え、自制心を持って行動することが大切です。次に、**プロフェッショナリズムを常に心掛けること。**ビジネスの場ではもちろんのこと、社外での交流でも、尊敬と礼儀を忘れず、プロフェッショナルな態度を保つことが重要です。これにより、個人としてだけでなく、会社としても高い評価を維持することができます。また、**SNSを使用する際は、特に慎重に行動することが求められます。**投稿する前に、その内容が職場にも影響を与える可能性があるかを十分に検討し、不適切な内容は避けるようにしましょう。プライベートな時間であっても、自分の行動の1つ1つが、会社の評判や成功に直結していることを忘れずに、常に自己を客観視し、「ふさわしく生きている」か、を問うことが必要です。

自分のことなんか誰も見ていないと思っていても、社会的な地位が高くなればなるほど、私たちの行動は見られるようになります。プライベートこそが真のプロフェッショナリズムを示す場と心得て、会社の評判を守り高めるために、責任ある行動を心掛けるべきです。では日常生活において、どうすればこの責任を果たすことができるのでしょうか。

まず、**自分自身が会社の文化や価値を体現しているか、常に自問自答することが必要**です。会社の使命や理念を理解し、それに沿った行動を取ることで、個人としても組織としても成長を遂げることができます。

次に、**公私の区別を明確にしつつ、プライベートな時間でもプロフェッショナリズムを保つことが大切**です。プライベートな環境にいても、例えば、友人や家族との会話の中でも、職業的な倫理観を保ち、不適切な発言や行動を避けるべきです。また、社外の人々との接触では、自分が会社の顔であるという認識を持ち、会社のイメージを損なうような行動は避けることが肝心です。

さらに、**SNS上での自分のプレゼンスを慎重に管理することも、非常に重要**です。自分の投稿がどのように受け取られるか、またそれが職業的な評価にどのように影響するかを考慮し、プライベートな意見と職業的な立場からの意見を区別する必要があります。プライベートな環境であっても、公の場であるSNS上では、常にプロフェッショナルな態度を心掛けましょう。

今置かれた自分の立場を深く認識し、その立場に「ふさわしく生きる」。この意識を常に持ち、邁進していきたいものです。

「ふたりはひとりよりもまさっている。
ふたりが労苦すれば、良い報いがあるからだ。
どちらかが倒れるとき、ひとりがその仲間を起こす。
倒れても起こす者のいないひとりぼっちの人はかわいそうだ。
……ひとりなら、打ち負かされても、ふたりなら立ち向かえる。
三つ撚りの糸は簡単には切れない。」

伝道者の書　4章9－12節

――「1人より2人」1人だとできる量が決まってくる、
チームワークで売上を上げる

私は、ひとり起業からビジネスをスタートしました。ひとり起業だと、その名の通り、働くスタッフはもちろん自分1人です。経営も企画も営業も事務も経理も全て、自分1人でこなしていかないとビジネスは回りません。自分で事業計画を立て、自分で営業に行き、仕事を取ってきて自分でその仕事を回していく。起業と聞くとカッコよく聞こえますが、実際は大変で、**自分の行動がビジネスに直結するスリル満点の働き方**です。

近頃は、フリーランスで企業や団体に所属せず、個人で仕事を請け負う働き方も増えています。ひとり起業もフリーランスも似たようなもので、全部1人でこなしていかないとビジネスが回りません。ひとりは、誰かに指図されることもなく、気楽で自由な働き方のように思えますが、**自由である分、自己管理能力が必須**です。しっかり行動していかないと結果に繋がらないので、実は大変なのです。また、1人で対応できる仕事の量も限られてきますので、ひとり起業やフリーランスで仕事を請け負う場合は、売上の限界値を知り、ゴールをどこにするのかしっかりと認識しておく必要があります。

1人の人間が働ける時間は1日24時間。この現実は、どんなにビジネス運営能力が高くても変えることができません。この24時間をどれだけ効率良く活用してビジネスの結果を出していくかが重要です。そこでオススメなのが「ふたりはひとりよりもまさっている。ふたりが労苦すれば、良い報いがあるからだ」という言葉から考える「**1人より2人**」で**結果を目指せ戦略**です。端的に言うと、ひとり起業で展開するより、組織化してチームワークを発揮した方が効率良く、ビジネスの結果も最大化できる、と私は感じています。

ひとり起業は、縛りもないし自由かもしれませんが、マンパワーは1人。ひとりビジネスの結果は、結局1人レベルです。しかし、**仲間で束になれば大きな結果を掴むことができます。**つまり組織化であり、チームワークが大事だということです。

私の例で言えば、葬儀終活のビジネスは1人でもできますが、やはり1人だとすぐに限界が来ました。経営・企画・営業・商談・依頼対応等々、与えられた1日24時間だと、1人では回せなくなってきます。アルバイトを雇い、自分が企画をし、営業は回ってもらう。**2人3人と雇えば、仕事の幅がぐっと広がります。自ずと売上も、ひとり起業のときよりも、数段上がっていきます。**

１人だと、全ての企画やアイデアを自分１人で考えないといけません。そのため、ビジネスが行き詰まり、失敗して挫折を味わうこともあります。そして、その責任を全て自分が負い、自分で自分を鼓舞して戦っていかないといけません。しかし、組織化して共に働く仲間がいる場合はどうでしょうか。チームでビジネスの企画をし、それぞれの才能をフルに生かして、共にビジネスの結果を目指して戦っていける。**ひとり起業もいいですが、チームで結果を掴む喜びはまた格別**です。

原始時代の狩猟で言えば、１人だと、頑張れば猪ぐらいは倒すことができるかもしれません。しかしチームで動けば、マンモスを獲ることができます。そして、その狩猟で得た獲物を、仲間みんなで喜び合いながら、分かち合うことができます。なので私は、**ひとり起業で始まったビジネスでも、ある程度力がついてきたら、共に働く仲間と一致協力し、もっとビッグな結果の獲得を目指してもいいのではないか**と思います。仲間が増えれば、できることが増え、チャンスが広がり、売上も確実に上がっていきます。さらに、自分の自由な時間も増え、全てが成長に繋がること間違いなしです。

第4章

機会を十分に活かし、お客様を着実に確実に集める

「深みに漕ぎ出して、網をおろして魚をとりなさい。」

ルカの福音書　5章4節

――「深みへ漕ぎ出し挑戦する勇気」

沖まで出て魚がいるところに網を下ろそう

ここも聖書で私が大好きな箇所です。ここのシーンは、イエス・キリストと、後にキリストの一番弟子になるペテロが初めて出会う、感動的な場面です。

イスラエルのガリラヤ湖で漁師として働いていたペテロら田舎の男性たちが、夜通し必死に漁をしていましたが、完全な不漁でした。そこへ、巷で救世主として噂されている話題の人、イエス・キリストが登場します。

そして、イエスは突然、漁師のペテロたちに一言声をかけます。「沖へ漕ぎ出し、網を下ろして漁をしてみなさい」。漁師たちは、話題のお方が仰るならばと、言われるままに従いました。その結果、網がはち切れんばかりの大漁になり、その後「人々をとる漁師にする」と言われ一番弟子になっていく、そんなお話です。

ここから、現代に生きる私たちは何を感じ、読み取ればいいのでしょうか。人には、一生懸命に自分なりの努力をしても、全くいい結果にならないことがしばしば訪れます。私も、起業したての3年目ぐらいまでは鳴かず飛ばずの不漁続きで、いつ店じまいしてもおかしくない状況でした。ビジネススタート時は夢と希望とエネルギーに満ち溢れ、自信満々で進んでいくことができます。しかし、実際に行動し始めると、理想と現実のギャップに面食らいます。「あれ？　もっとお客さんが来るはずだが……」「今月の売上はこんなはずでは……」。ビジネスも人生も思い通りにいかないのが現実かもしれません。理想と現実の違いを目の前に突きつけられると、人は臆病になり、自信がなくなり、深みに漕ぎ出す気力がなくなり、浅瀬で尻込みし始めるのです。**尻込みすればするほど負のスパイラルに陥り、ビジネスも人生も好転しなくなる**のです。

今回の聖書のストーリーもそんな感じです。超ベテランの漁師たちが夜通し必死に漁をしたにもかかわらず一匹も獲れなかった。ショックで浅瀬に戻り、ついには今日の漁を諦めて岸に上がり、網を繕っていたわけです。そこへ巷で救世主として噂の男、イエス・キリストが登場して「深みに漕ぎ出せ」と促す。その言葉を信じて深みに漕ぎ出した結果が大漁になるという奇跡。寓話にありがちな奇跡物語です。しかし、**この奇跡的なことが、この現代にも起こると私は断言したい**のです。

失敗続きだと臆病になり、深みに漕ぎ出すような勇気もエネルギーも出ないかもしれません。しかし、そこで臆病になり浅瀬でパチャパチャやっていて奇跡が起きるでしょうか？　あなたのビジネスの、そして人生のチャンスは、そんな浅瀬にあるのでしょうか。もちろん、深みまで漕ぎ出すには体力も要るでしょうし、勇気も必要でしょう。しかし、ビジネスも人生も行動しなければ何も始まらない。**行動の先にチャンスがあり、奇跡的なヒットが生まれる**のです。

じっと安心・安全な部屋に閉じこもっていれば、危険もないし失敗もないでしょう。**危険もなければ失敗もないでしょうが、その状態からは何も生まれない**のです。危険でも一歩踏み出す。失敗するかもしれないけど行動する。危険が訪れたら、回避する術を学べばいい。失敗したら、次回から失敗しない方法で成功を掴めばいい。

「沖へ漕ぎ出し、網を下ろして漁をしてみなさい」。この短い言葉の中にどれだけの励ましと慰めがあるかと思うと、勇気が満ち溢れてきませんか。あなたの漁は、まだ終わってはいません。むしろ、これからです。今一度、「深みへ漕ぎ出し挑戦する勇気」を奮い立たせ、沖まで出て、魚がいるところに網を下ろそうではありませんか。

「全世界に出て行き、
すべての造られた者に、
福音を宣べ伝えなさい。」

マルコによる福音書　16章15節

――「全世界に出て行き語る」ＳＮＳは数を気にせず、
本気のファンに向けて発信する

ビジネスのブランディング戦略にSNSの活用は必須です。一昔前は、店舗を構えるだけでお客様が自ら足を運んでくれる時代もありました。チラシを新聞広告に入れればそれだけでビジネスが成り立つ時代もありました。しかしこのコロナ禍以降、一気にビジネス展開の次元が変わりました。

NTTドコモモバイル社会研究所の調査によると、日本国内のスマートフォン所有者割合は、2010年にはたったの4％台だったのが、2023年には96・3％となり、ほぼ全ての携帯電話使用者がスマートフォンになりました。さらに、総務省の最新のスマートフォンやタブレットの利用状況調査によると、18～29歳は98・7％、60～69歳は73・4％、70歳以上でも40・8％が、利用していることが明らかになりました。つまり、**日本人のほとんどの人がスマホから情報収集をする時代になっている**わけです。その結果、新聞や本も売れなくなり、紙媒体の危機が叫ばれる時代です。

そんなデジタル化の時代にあって、最新の機器を使っての発信をどれくらいしていますか。「私は見る専門です」「もちろん会社のホームページがあるから大丈夫ですよ」。いやいや、時代はまさにデジタル全盛です。そんな昭和的な考えは、捨てなければいけません。AIやChatGPTやメタバース等々、デジタルの世界は刻一刻と進化しています。皆さんのビジネスもライフスタイルも、**いかにデジタルの世界に同化していくかが、これからの生き残りの鍵**です。

聖書の時代も、福音を全世界に宣べ伝えなさいという指示に従い、イエス・キリストの弟子たちは当時の最先端の都市まで必死に船を乗り継ぎ、福音を宣べ伝えていったのです。ここで言う〝福音〟とは、イエス・キリストが救世主として地上に来たというその良き知らせのことを言います。聖書で言う良き知らせを必死に伝えよというメッセージです。

ビジネスであれば、その商品が良き知らせになるわけです。それをその時代の最先端の機器や媒体を使い、必死に伝えていく必要があるわけです。また時代にマッチした発信をしなければ、その時代に生きる人々には伝わらない現状を、しっかりと把握すべきなのです。冒頭でSNSを活用しようと申し上げました。SNSとは、ソーシャルネットワーキングサービスの略で、X（旧Twitter）・Facebook・Instagram・LINE・YouTube等々が挙げられます。

ＳＮＳと言うと、「フォロワー数がいないとダメなんでしょ」とか「イイねや閲覧数が増えないとやっても意味がない」と言う方もいます。確かにそういった数も大事かもしれませんが、**まずは、時代の最先端のツールをフル活用することが大事**です。なぜなら、現代に生きる顧客をはじめ、人類ほぼ全てがその最先端のツールの中で生き、それを活用しているからです。

当たり前ですが、イイねやフォロワー数は、やらなければ増えません。少なくてもいいんです。そういった時代にマッチしたツールで発信していれば、探している人が必ず見つけに来てくれます。**コアなファンはしっかりその小さな発信を見てくれている**のです。

時代をしっかり読み解き、その時代に見合った発信をする。チラシや紙媒体の時代は終わりました。みんながスマホから情報を得ている時代です。ＳＮＳをフル活用し、今一度、あなたの宣伝ブランディング戦略を見直すタイミングかと思います。

「恐れないで、語り続けなさい。黙ってはいけない。
わたしがあなたとともにいるのだ。
だれもあなたを襲って、危害を加える者はない。
この町には、わたしの民がたくさんいるから。」

使徒の働き　18章10節

――「語り続けよ」お客様が知りたいことを
セミナーで伝え、ゆっくりファンを作る

ここでは、セミナー開催の重要性をお伝えします。ビジネスであれ趣味の活動であれ、人は生きていく上で1つや2つ自分の得意とするものがあると思います。得意でなかったとしても、ある程度専門的に勉強をしたり仕事をしたりして、**自分では当たり前にできていても、他人から見ればプロフェッショナルなレベルのものを持っているもの**です。

私の場合は、キリスト教葬儀に関わり26年。自分にとっては当たり前の仕事で普通に対応していますが、キリスト教葬儀に関わったことがない人からすれば、かなりのプロフェッショナルな知識と技術を持っていることになります。皆さんも実は、かなりの知識と技術をお持ちで、その道では先生と言われるレベルかもしれません。しかし、ビジネス1つにしても「自分はまだまだです」「自分は素人レベルで何の価値もありません」等々、**自分を低く見積もっている人が多すぎる**気がします。

私も起業したての頃は、葬儀に専門的に従事したのはたった3年。その後、葬儀会社を起業するために自分なりに勉強会に参加したり、葬儀社仲間と交流したりはしましたが、葬儀業界のプロから見れば、ズブの素人レベルでした。でも本当に葬儀を仕事にしたことがない人から見れば、立派な経験者。そんな自分を高く見積り、根拠のない自信を持って、起業1ヶ月目から葬儀終活セミナー受付中のチラシを大量に作成、ピンポイントのターゲットに配布しました。予想は的中、他の同業者は誰もやっていなかったので、セミナー開催の依頼が入りました。セミナー講師の先生となるわけですから、スーツの着こなしや雰囲気作り、資料やパワーポイントの作り込みは入念に行いました。

初開催のセミナー当日は50人ほどの来場者がありました。もちろん内心はめちゃくちゃ緊張していました。心の中では、「起業してまだ数件しか葬儀の実績がない私のような素人がセミナーをしてもいいのか?」という恐れと不安に押し潰されそうでした。でも、プラス思考のもう1人の自分の「誰もお前が葬儀の素人なんて思ってないよ。葬儀社の起業家だろ? セミナーもやるんだよ。本当のお前のことなんか事細かく調べる暇人はいないよ。みんなはお前を葬儀のプロフェッショナルとして認めたから、今日これだけの人数が集まったんだ。ハッタリでもいい。本気でお前が準備したものを先生になり切って発揮してこい」、そんな声に奮い立ち、対応した遠い昔が懐かしいです。

現在は、弊社のスタッフも同じようにどんどん講師として仕立て上げ、起業してから18年、全国500箇所以上でセミナーを開催、1万人以上の方々にメッセージを伝えています。セミナーを開催すると何がいいのか？　ズバリ、**講師というだけであなたの立ち位置は、受講生からすると先生になれる**のです。人数の多寡は関係ない。講師側と受講生側には、飛び越すことができない「教える側」と「教わる側」の壁が出来ます。また**セミナー開催を続けると、コアなファンも出来てきます。**

セミナーを1回やっただけで満足する人もいますが、**セミナー開催での講師と受講生から生まれるビジネスマインドセットは、繰り返し開催するごとに効果が増していきます。**ですので、年間セミナー開催戦略を立て、定期的に開催し続けてください。ポイントは、セミナー講師としてのオーラを意識し、本気でデキる講師になり切る。単発ではなく定期的に続ける。本気でやるなら5年10年と続ける。1人での開催も良いですが、仲間とのコラボ開催も効果的です。あと、開催場所も雰囲気のいい場所の方が、参加者にマインドセットしやすいです。とにかくセミナー開催は絶対にオススメです。**セミナーで「語り続ける」その先に必ず成功の光が見えてくるはず**です。

「あなたがたが神のみこころを行なって、
約束のものを手に入れるために必要なのは忍耐です。」

ヘブル人への手紙　10章36節

――「忍耐と継続」顧客リストを作り
定期的に宣伝する、その積み上げが売上になる

「継続は力なり」。昔から誰しもが言い続けている、日本人が好きな言葉の1つかもしれません。聖書には、「継続」という言葉そのものは出てきませんが、「続ける」といった単語が登場します。「継続」するためには「忍耐力」が必要です。

この書籍のタイトルにもあるように「ビジネスで勝ち抜く」ためには、「忍耐力」と「継続力」が必要です。巷では、「秒速で結果を出す」とか「楽して儲かる」といった教えもあるようですが、短期で結果が出る方法はどれも崩れやすく、長続きしない傾向が強いように私は感じています。**私が語れるのは、短期で楽に結果を出せる方法ではなく、どちらかというと泥臭く、コツコツと積み上げていく「忍耐」と「継続」の、ど根性スタイル**だということはお伝えしておきます。しかし、私の忍耐と継続の手法は、私自身がしっかりと結果を出して実証済みですので、自信を持ってオススメできます。

このテーマでは、**顧客リスト**が鍵になります。顧客リストは、リストの数が増えれば増えるほど力になります。弊社でもライフワークスメンバーズという無料会員クラブがあります。最初は、もちろん1名から始まりました。現在は、準メンバーを含め5000名ほどになりました。大した数ではないかもしれませんが、弊社のコアなファンです。私は、このファンの方々を大事に育ててきました。**ただ数を集めればいいのではなく、その集まった方々をコアなファンに育てていくことが大事**です。

このファンの方々に年に2回DM（ダイレクトメール）を送ります。LINEやFacebook、YouTubeやTikTok等々のSNSとも連携しているので、本気のファンは全て見てくださっています。それらのツールを頻繁に使い、リアルのイベントにもお誘いします。弊社は葬儀会社ではありますが、会員様に有益な情報を発信して盛り上げているのです。これを18年間続けており、続ければ続けるほどお互いにとって大事な存在になっていきます。

「神のみこころを行なって、約束のものを手に入れるために必要なのは忍耐です」と冒頭に聖書の言葉を記しました。「約束のものを手に入れるため」とは、ビジネスで言えば、そのビジネスの成功です。そこに必要なのは忍耐なのです。それは、ただ何もせずじっと我慢していれば成功が自動的に訪れる、などということではありません。**行動と継続と忍耐、この3つが大事**だと感じています。

その行動として、**顧客のリスト化を即、始めてください。**簡単で使いやすいオススメの

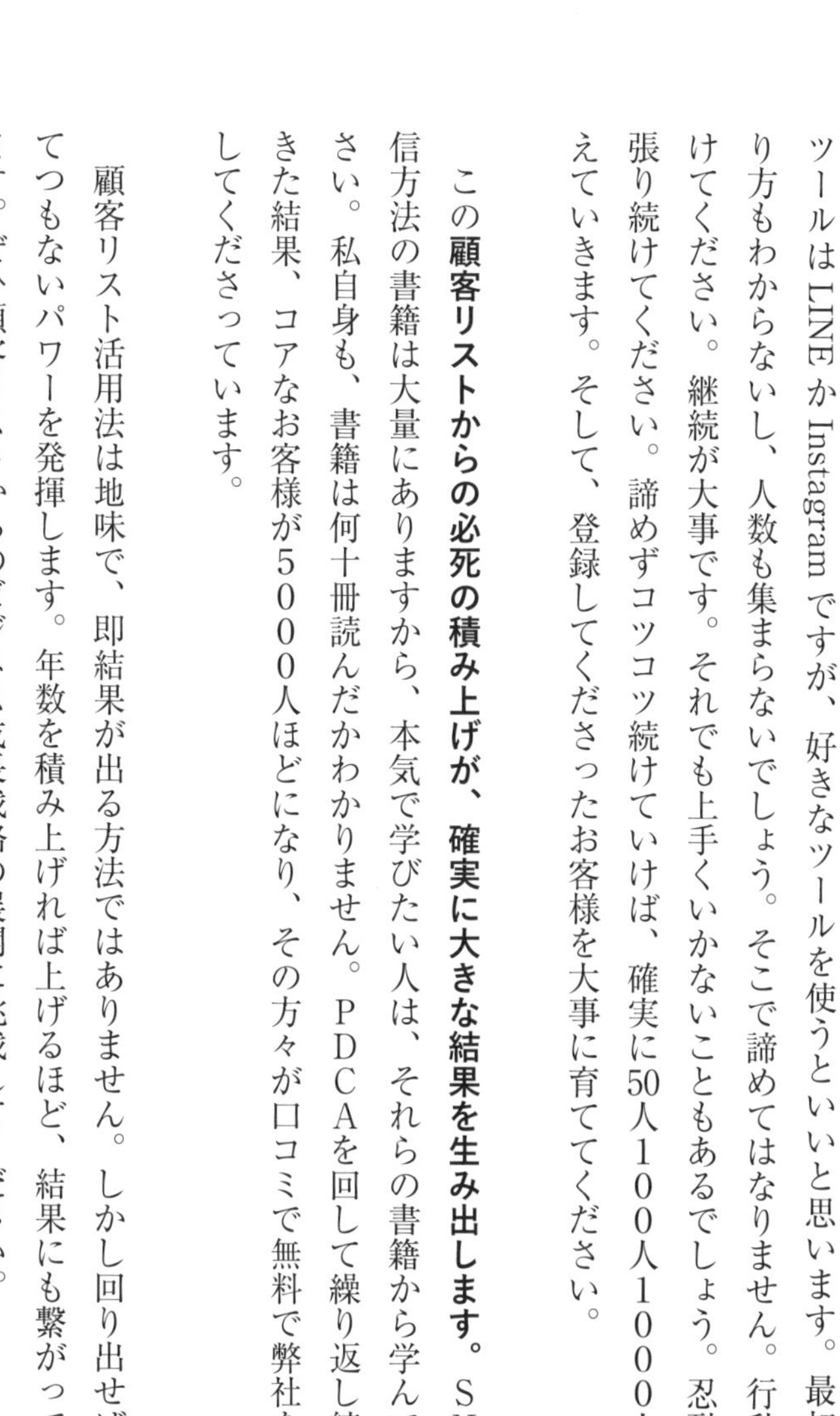

ツールはLINEかInstagramですが、好きなツールを使うといいと思います。最初はやり方もわからないし、人数も集まらないでしょう。そこで諦めてはなりません。行動し続けてください。継続が大事です。それでも上手くいかないこともあるでしょう。忍耐で頑張り続けてください。諦めずコツコツ続けていけば、確実に50人100人1000人と増えていきます。そして、登録してくださったお客様を大事に育ててください。

この**顧客リストからの必死の積み上げが、確実に大きな結果を生み出します。**ＳＮＳ発信方法の書籍は大量にありますから、本気で学びたい人は、それらの書籍から学んでください。私自身も、書籍は何十冊読んだかわかりません。ＰＤＣＡを回して繰り返し続けてきた結果、コアなお客様が５０００人ほどになり、その方々が口コミで無料で弊社を宣伝してくださっています。

顧客リスト活用法は地味で、即結果が出る方法ではありません。しかし回り出せば、とてつもないパワーを発揮します。年数を積み上げれば上げるほど、結果にも繋がっていきます。ぜひ顧客リストからのビジネス成長戦略の展開に挑戦してください。

「あなたの隣人を
あなた自身のように愛せよ。」

マタイの福音書　22章39節

――「隣人愛」お客様と全力で向き合い、
愛を実践するからお客様はあなたのファンになる

かつては、「お客様は神様です」と、顧客を過剰に大事にする顧客中心主義的な商売の考え方がありました。近頃は、ビジネスの考え方も大きく変わり、顧客第一主義だけではビジネスが成り立たない時代になりました。人手不足や物価高の影響もあり、従業員の幸福と満足度をまず第一にする従業員中心主義的な考え方や、顧客と会社の双方が互いに利益を得るウィンウィン（Win-Win）な関係でビジネスを展開する在り方も生まれ、ビジネス手法は日進月歩で時代と共に変化しています。

近頃はＡＩの普及により、これまで人が愛情を込めて行っていたカスタマーサポート的な仕事は、ＡＩが行うようになってきています。各種レストランでは、ネコ型配膳ロボットが普及し、車の自動運転の実用化ももうすぐ始まるでしょう。子どもの頃、映画や漫画で見た近未来的な社会が、もう目の前まで来ています。

ＡＩやロボットは、効率良く的確に仕事をしてくれるでしょう。しかし、どんなに技術が発達しても、そこに「愛」はありません。もしかしたら映画の世界のように、愛情も持ち合わせたＡＩが近い将来作られるかもしれませんが、現状では難しいでしょう。そうすると、**心と感情を持った人間の働きが最終的には重要**になってきます。

隣人愛とか愛の実践とかお客様に愛を持って接するとか、「愛」という言葉は何となく昭和のイメージが強く、現代の若者には響かないかもしれません。しかし、人はコミュニケーションの生き物だと思います。そのコミュニケーションでは、喜び・悲しみ・怒り・驚き・感動・好奇心・愛情等々、さまざまな感情が生まれます。

この感情の中で一番大切なものは、「愛」だと思います。「愛」と一言で言っても、ロマンチックな愛・友情愛・家族愛・自己愛などさまざまな感情があります。ビジネス目線であれば、お客様のためにできることに最善を尽くす、お客様目線であれば、商品が大好きで応援する、というのも愛でしょう。いずれにせよビジネスとは、根底にさまざまな愛の感情が働き合って成り立っています。

ビジネスの根底に愛がある。この**「愛」を根底にしたビジネス展開を今一度、考えて欲しい**と思います。今の仕事を心底愛していますか？ 商品が大好きですか？ お客様1人1人に愛を込めて接していますか？ 働いている自分自身を心から大好きですか？「愛」をテーマに今の自分のビジネス展開を再確認しましょう。完璧に愛することは難しいですが、自分の心が負の感情で満たされてしまうのであれば、そのビジネスはあなたにも、またそのビジネスに関わるお客様にも、良い影響を与えないでしょう。

「愛」を意識したビジネス展開を目指す。臭い言葉かもしれませんが、デジタル化が進むことでAIやロボットが世の中を席巻するようになり、ますます「愛」が必要とされる時代に突入していきます。**「愛」を本気で実践できるビジネスこそが、これからの時代に強い企業、生き残る会社になる**と感じています。企業もしかり、個人もしかり、「愛」ある人間が最強であると感じています。

では、その「愛」をどうやって学ぶのか。書籍もたくさんあるでしょうし、ボランティア活動を通して学ぶセミナーもたくさんあるでしょう。私がお伝えしたいのは、ズバリ「聖書」から学べ、です。聖書の最大のテーマは、神の愛だと思います。以前、ある牧師が言っていました。**「聖書は、神様が私たち人間に宛てた壮大なラブレターなんだよ**」と。神からのラブレター「聖書」を読み込み、愛を中心としたビジネス展開を、共に目指していきましょう。

「町の城壁がくずれ落ちたなら、
民はおのおのまっすぐ上って行かなければならない。」

ヨシュア記　6章5節

――「エリコの壁戦略」自分に合った営業ノウハウを
地道に1年は続けてみよう

「エリコの壁」や『ヨシュア記』と聞いてもわからないと思いますので、少し解説します。

まず、エリコ。女性の名前ではなく、聖書に出てくる街の名前です。聖書の『ヨシュア記』に登場します。この『ヨシュア記』は、十戒で有名なモーセの後継者ヨシュアの話です。ヨシュアはイスラエルの民を引き連れ、神の示す地への旅を続けていました。その地へ向かうには、エリコの街を占領しなければなりません。しかしエリコは、絶対に崩すことができない強固な城壁を持った街でした。「その城壁の周りを7日間回って最終日に角笛を吹きならせ」との神の言葉を信じて行った結果、7日目に城壁は崩れ落ちました。

ここから現代の私たちは何を学び取ることができるのか。ヨシュアは神からもらった十戒の板が入った契約の箱を先頭に、7日間、1日1周、全部で7周しっかり信じて回りました。契約の箱を先頭にする、つまり聖書の言葉を先頭にし、信じて行動する信仰。聖書では7という数字は、完全や完成を表します。つまり7日間で7周は、完ぺきにやり切ることを意味します。ビジネスを進めていく上でも、一見すると崩すことが不可能に思える堅固な壁に出くわすことが、多々あります。しかしそんなときこそ、**聖書の言葉から力を得て、信じて行動し続ける。しかも、しっかりと完ぺきに全力でやり切る。その先に勝利がある**ということを学ぶのです。

そんなビジネス展開を私は「**エリコの壁戦略**」と勝手に命名し、実践してきました。ビジネスは強固な壁に出くわすことばかりです。私も起業してかれこれ18年、何度「あぁ、この壁は乗り越えることができない」と感じたことでしょう。何度も自分の無力さを感じました。しかしその度ごとに「エリコの壁戦略」精神でビジネスを推し進めてきました。

「エリコの壁戦略」を具体的に説明します。至って簡単、冒頭のタイトルが結論です。つまり、**自分に合った営業ノウハウを地道に1年は続ける、**ただそれだけです。「へ？ 簡単じゃないかそんなこと」と思ったことでしょう。でも、この簡単なことを続ける人がとにかく少ない。ビジネスでも、ちょっとしたダイエットでも、ほとんどの人が続けないし達成できていない。これが現実です。ビジネスの成功や個人的な夢の実現を達成できている人たちは、自分に合ったノウハウを地道に最低1年は続けています。そして、そのサイクルを1年2年3年と本気でしっかり回し、聖書の完全数ではないですが、7年もの間続けた人だけが、勝利を収めることができているのです。

私は聖書思考で、聖書の言葉を土台に行動し続けました。私の営業ノウハウは、当てずっぽうな、その場凌ぎの思いつきではなく、しっかりと年間スケジュールを立てるものです。４月の年度初めには、顧客対象者へのＤＭ発送。その後は、リアルの訪問営業と電話営業。反応がいいお客様には手書きの手紙をこまめにお送りし、11月頃からは、年末のご挨拶訪問。その合間合間には、セミナー開催やイベント開催でのお客様とのリアルの交流。もちろんお中元、お歳暮も忘れずに。年末にはもう一度、クリスマスイベントとしてのＤＭ発送。このスタイルを18年間繰り返し、「エリコの壁戦略」精神で続けてきました。その**継続の結果、コアなファンが増え、強固な地位を獲得できた**と言えるでしょう。

結果が出ずに、難しい壁にぶち当たって負けてしまうビジネスは、当たり前で地道で泥臭いビジネス展開をやっていない。その場その場、思いつきで動いてしまう。単発の当たりは出ることもあるでしょうが、結局は長続きしない。地道な努力を数ヶ月もせずに「ダメだ」と諦めてしまう。ビジネスや人生の成功ノウハウは、書籍でもYouTubeでも先駆者から大量に学ぶことができます。**自分に合った、続けることができるノウハウを作り上げてください。そして、それをしっかりまずは1年、本気で信じて続けてみてください。**その継続の先に、成功の光があるのです。

「私は決勝点がどこかわからないような
走り方はしていません。
空を打つような拳闘もしてはいません。」

コリント人への手紙第一　9章26節

――「空を打つような拳闘はするな」PDCAを
徹底的に回すビジネス展開で結果を掴め

冒頭の言葉は、新約聖書『コリント人への手紙第一』にある言葉です。この箇所は使徒パウロが記したと言われています。使徒パウロは、もともとはユダヤ教徒でしたが、回心してキリスト教徒になり、その後、熱心に宣教活動をしてキリスト教をヨーロッパへ広げたパイオニア的な存在です。私のイメージでは、とても情熱的でインテリ、そして超が付くストイックな性格の方だと思っています。冒頭の言葉の前後も、とことん宣教するために、自分を打ち叩いてでもやり遂げるとまで語っています。またその思いをコリント人、つまりギリシャ人へ、競技の例えで語っています。オリンピック発祥の土地なので、競技の例えで語った方がわかりやすいと感じたのでしょう。私の個人的な印象として、ビジネスや人生をスポーツに例えて語る人は、基本、体育会系の人が多いように感じています。パウロさんも実は、ゴリゴリのマッチョで体育会系のインテリおじさんだったのかもしれません。

さて、そんなパウロさんがビシッと伝える言葉は、「目標のはっきりしない走り方はするな。空を打つような拳闘をするな」です。２０００年前の言葉ですが、現代に生きる私たちのハートにもグッとくる言葉です。皆さんのビジネスや人生の生き方は、目的や目標を明確にしているでしょうか。**目標達成の仕方は、大きく分けると、目標設定型と願望型の2種類**になるでしょう。目標設定型は、明確にゴールを設定して行動するタイプ。願望型は、何となく願いを立て行き当たりばったりで行動するタイプ。パウロさんはゴリゴリの目標設定タイプです。

目標達成にはそれぞれの考え方、生き方が大きく影響するので、一概には言えませんが、**私がオススメするのは、やはり目標設定タイプ**です。残念ながら、目標も夢もない人が多い気がします。目標や夢が不明確だから結果も曖昧。例えば、タクシーに乗って「とりあえず、東京方面に向かってください」と伝えれば、東京方面に到着はするでしょう。しかし、その到着地は、町田市かもしれないし、東京駅かもしれない。具体的に「東京駅の八重洲口までお願いします」と伝えれば、確実に東京駅八重洲口に到着します。ビジネスも人生も一緒です。**目標や夢が明確になればなるほど、結果は鮮明になっていきます。**

そして、**人生やビジネスの目標を明確にしたら、必死に行動しないと意味がありません。**もちろん、上手くいかない場合もあるでしょう。そんなに簡単ではないのが人生でありビジネスです。

そこで登場してくるのがＰＤＣＡです。Plan（計画）・Do（実行）・Check（評価）・Action（改善）。このＰＤＣＡサイクルを回しながら、目標と夢に向かって行動し続けるのです。多くの人は、目標も夢も持たないで人生を生き、ビジネスを展開している。目標や夢を抱いて行動しても、１回の失敗や挫折で諦めて行動をやめてしまう。計画を立て、行動する。失敗や挫折が来る。失敗や挫折こそが最高のチャンスです。その失敗や挫折を徹底的に評価分析し、悪かったところをしっかり改善して、また計画を立てて行動していく。**この繰り返しの先に成功が待っている**のです。

ユニクロの柳井正氏も書籍『一勝九敗』（２００３年、新潮社）の中で語っています。10回新しいことを始めれば９回は失敗する。失敗に学べと。必死に10回挑戦して９回の失敗から学び、改善してまた挑戦する。すると本当の勝利が来る。

人生もビジネスも失敗してからが正念場。そこから学び、改善し、成功する方法を見つければいい。**挑戦するかしないかは、あなた自身がその決定権を持っている**のです。

「あなたがたは、地の塩です。
……あなたがたは、世界の光です。
山の上にある町は隠れる事ができません。」

マタイの福音書　5章13－14節

――「地の塩世の光」目立ってなんぼ、
自分をブランディングして輝かせよう

日本は「いえいえ、私なんか、そんな大した者じゃございません」と自分を下げ、遠慮することが美徳とされる文化だと思います。しかし、そんな遠慮した生き方で、競争社会のビジネスをどのように勝ち残っていくのでしょうか。強い企業の経営者は、新商品発表のプレゼンやメディアのインタビューでは、経営者としてのオーラをしっかりと纏い、堂々とピーアール活動をします。影響力があるインフルエンサーやYouTuberだって、遠慮して目立つことを嫌い、自分を下げて動いているでしょうか。**社会で結果を出し、影響力を持っている人たちは、いかに自分をブランディングし、どのようにしたら自分を大きく見せることができるかを考え、努力しています。**

聖書では、クリスチャンたる神の言葉を体現し歩む者として、堂々と「地の塩であり世の光であれ」と諭します。「地の塩」、つまり塩とは、料理で一番重要な調味料です。人類の歴史を見ても塩不足で戦争が起きるほど、人間にとって大事な存在です。塩があるからこそ、食材の本来の良さや旨味を引き立たせることができる。**塩味ある、そんな存在であるべき**だと教えます。また、この言葉の後には、味気がなくなった岩塩は道端に捨てられると説きます。古代ユダヤの時代は、今のようなパラパラとした塩で味付けをしていたのではなく、塩成分を含んだ石の塊である岩塩をグツグツと煮て使い、その塩味がなくなったら道端に捨てる、そんな文化だったようです。人も同じで、塩味がなくなったら捨てられてしまいます。今、あなたは塩味がある存在でしょうか。

そして「世の光であれ」と続いて説きます。**暗闇のような社会にあって、煌々と光るそんな存在であれといった意味**です。ピリッと味気がある塩のような存在。暗闇でパッと輝く光のような存在。今のあなたは「地の塩・世の光」たる存在になっているでしょうか。「いやいや、私は陰ながらひっそりと味気を出し、陰ながら照らすそんな存在でいいんです」と謙遜して遠慮がちに考える方もいるでしょう。その謙虚で遠慮がちな思考が、そのまま謙虚で遠慮がちな現状の結果を作ってはいないでしょうか。**思考があなたの未来を作り、現実化します。**

今一度、自分や自分のビジネスの社会におけるポジションを再認識し、リブランディングする必要があると思います。確かに、それぞれの生まれ持ったキャラクターもあるでしょう。内向的・外向的・積極的・消極的・穏やか・感情的・創造的・論理的等々。いず

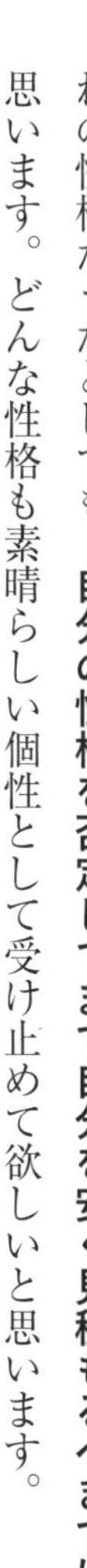

れの性格だったとしても、**自分の性格を否定してまで自分を安く見積もるべきではないと**思います。どんな性格も素晴らしい個性として受け止めて欲しいと思います。

今ある自分の存在を、まず自分自身でしっかりと認めてあげてください。自分を卑下して引きこもってしまうのはもったいない。ありのままのあなたで十分。今のあなたらしさで塩ある行動を積み上げていく。今のあなたらしさでしっかりと輝いていく。有名な経営者やインフルエンサーのようにパワフルな塩味や、輝きすぎな眩しさはなくても大丈夫。まずは、今の自分の存在をしっかり愛して、今の自分らしい塩味と輝きをフルに発信していきましょう。

聖書も「地の塩・世の光」であれと説いているだけで、誰も到達できないような厳格な基準を設けているわけではありません。ただ単に「地の塩・世の光」、塩気ある存在で輝く光になりましょうと説いているだけです。難しいことではないのです。**自分らしい塩気ある行動を意識しましょう。自分らしく輝く存在になることを目指してみましょう。**そのちょっとした意識と行動が、あなたの人生を必ず大きく変えていきます。

「あなたがたが集まるときには、
……そのすべてのことを、徳を高めるためにしなさい。」

コリント人への手紙第一　14章26節

——「徳を高め合う」互いに励まし、
徳を高め合うコミュニティを作り共に成長する

コミュニティとは、共通の興味や目的を持つ人々が集まって形成される、グループ共同体のことを言います。近頃は、オンラインで集うコミュニティも多数あり、ネット上で交流できる便利な時代になりました。聖書にもコミュニティのような表現が多数出てきます。新約聖書はギリシャ語で書かれていますが、その中にエクレシアという言葉が出てきます。これは、神を中心に集う共同体のような集い、つまり教会のことを指します。**聖書に登場する人たちは、2000年前からエクレシアの集い、つまりコミュニティを大事にしてきました。**キリスト教はこのコミュニティ活動から世界トップの宗教になったと言っても過言ではないほど、コミュニティの持つパワーは計り知れません。

世界三大宗教のトップたる所以は、教会形成であり、その集いから生まれるコミュニティの影響が大きいです。プロテスタントとカトリックの信徒の数は、世界人口の31%を占め、現在、約23億8000万人ものクリスチャンが世界にいます。その全員ではないですが、多くがどこかの教会に所属し、クリスチャン生活を送っています。教会に所属する、つまり**教会コミュニティに所属して、お互いに徳を高め励まし合い、力強く生きているのです。**キリスト教の歴史からもコミュニティ形成の重要性を知ることができます。

このキリスト教を世界に広めたコミュニティ戦略から、私たちは多くを学ぶことができます。現在、ビジネスの見本となるコミュニティはたくさんあるので、**まだコミュニティ展開をされていない方はぜひ、皆さんのビジネスに合った運営を検討してみてください。**

私が運営しているコミュニティは小さいですが、参考までにどんなことをやっているかをご紹介します。弊社では、定期的にキリスト教の教会等を会場に終活セミナーを開催しています。そのセミナー参加者にエンディングノートをプレゼントし、無料のメンバー会員になってもらいます。現在は、セミナー参加者や問い合わせの方々、資料請求の方々などに声をかけ、5000人ほどのメンバーがいます。この方々にリアルセミナー・YouTube・LINE・Instagram等々のお知らせをし、じわじわと交流しています。

リアルセミナーのお知らせをすると、ある程度の数の方々が参加してくださいます。オンラインの勉強会も開催するので、参加者の方々は、ガッツリ弊社のファンになっていきます。弊社は、葬儀・終活の勉強会やお得な情報提供、セミナー展開は得意です。1人ではそういった専門的なことを学ぶのはなかなか難しいですが、弊社のようなゆるいコミュニティに入れば、気楽に学んでいくことができます。また、**いざ葬儀をお願いしようというときに、全く知らない葬儀屋さんに頼むより、断然、日頃から交流がある弊社に頼みたくなるのが、コミュニティの強み**とも言えるでしょう。

コミュニティ戦略と聞くと、「ウチに興味がある人は大した人数はいないから……」など考えて何もしない人も多いですが、**人数が少ない方がコアなファンである確率が上がり、逆にもっと仲良くなれること間違いなし**です。オンラインとか会員制とか勉強会とかイベントとか、難しいことを考えずに、できることからやればいい。どんな形でもいい。

何度も言っていますが、人はコミュニケーションの生き物です。共同体が好きなんです。みんなで集まりましょう。みんなで学びましょう。みんなで徳を高め合い励まし合い、共に成長していきましょう。楽しい集まりには、最初は少なくても、だんだん仲間が増えていきます。1人でやる自信がない？　それなら、同じ業種の人とコラボしてやればいい。**2人集まれば、それで立派なコミュニティだと私は思います。その2人から巨大なコミュニティに成長していくのです。**

「それぞれが賜物を受けているのですから、
神のさまざまな恵みの良い管理者として、
その賜物を用いて、互いに仕え合いなさい。」

ペテロの手紙第一　4章10節

——「助け合う精神」ビジネス仲間との
コラボイベント開催が大きな結果を生む

日本人の感覚だと、賜物（たまもの）と聞くと「ご支援の賜物です」とか「皆様方のご尽力の賜物と存じます」など、「良い結果」や「良い出来事」、「良い成果」を表現する言葉のイメージが強いですが、聖書思考の〝賜物〟の理解はちょっと違います。英語訳の聖書だと、賜物の訳は、Gift（ギフト）となります。つまり、ギフト＝贈り物です。誰からの贈り物なのか？　神からの贈り物です。何の贈り物か？　生まれ持った才能のことを指します。冒頭の言葉を私流に訳すと「みんなそれぞれ神様から最高の才能をもらっているんだよ。だから、その神様からの恵みである才能のしっかりとした管理者となって、その才能を使ってお互いに助け合って頑張っていきましょう！」となります。我ながらいい訳になったと感じています。

聖書思考で人間の存在を考えると、私たちには1人1人に、神様からたくさんの賜物が与えられているのです。でもその神様からのギフトを、才能として素直に受け入れていない人が多すぎます。1人1人に最高の才能があるんです。皆さんにも最高のギフトが神様からプレゼントされています。**自分の持っているその才能を今一度、列挙してみることをオススメします。**意外と自分では自分の才能を認めることができない場合もあるので、仲の良い友達や家族に「私の才能って何だろう?」と気軽に聞いてみるのもいいかもしれません。もしなかなか自分の才能が発見できない場合は、短所を裏返すと長所になる場合もあるので、短所から発見するのもいいかもしれません。いずれにせよ、**あなたには神様からの素晴らしい賜物がたくさん与えられていることを知ってください。**

そして、**その賜物をぜひビジネスで活かしてください。**特に聖書では、「お互いに役に立てましょう」と勧めます。**ここで私がオススメするのが、コラボイベント**です。前項でコミュニティ展開をご紹介しました。ビジネス仲間は、大なり小なりのファンやコミュニティを持っているものです。弊社であれば5000人の会員さんがいます。私のビジネスパートナーである終活に強い行政書士にも5000人の顧客がいれば、1万人の対象者がいる計算になります。その1万人に私とビジネスパートナーの才能を掛け合わせると、最高に有益なセミナーを開催できます。

私で言えば、キリスト教専門葬儀業界歴26年のノウハウと才能があります。終活に強い行政書士は、相続関係や遺言書のノウハウと才能があります。この2人が集えば、葬儀終活に強い最高のセミナーが開催できるのです。**1人のマンパワーは弱くても、これらの才能ある専門家が2人3人と集まると、かなりの影響力を持つことができる**のです。弊社ではこのコラボ企画で、顧客に対するアプローチ展開から人脈作りまで、ビジネス展開において良き結果を得ています。

個人の趣味の才能でも、コラボ展開すれば大きな展開になります。ビジネスでも、1社では小さな展開でも、コラボで展開をすれば拡大を狙えます。みんな神様から素敵な才能をたくさんもらっています。**それをしっかり管理して育て、その才能を互いに持ち寄り、成長の武器にしていきましょう。**人もビジネスも1人では弱いかもしれません。共に才能を持ち合い協力すれば、1人より2人の方が大きな結果を掴むことができます。

私も才能には限界があります。18年前にひとり起業で始めたビジネスですが、現在は15名のスタッフと才能を持ち寄り、互いに切磋琢磨し、日々成長しています。**1人ではできなかったことも仲間がいれば可能性が広がり、たくさんのことができます。**才能を集結させ、共に高みを目指して前進していきたいものです。

第5章

聖書を使った「願望達成シート」で願いを潜在意識に染み込ませる

「求めなさい。そうすれば与えられます。
捜しなさい。そうすれば見つかります。
たたきなさい。そうすれば開かれます。
だれであれ、求める者は受け、捜す者は見つけ出し、
たたく者には開かれます。」

マタイの福音書　7章7－8節

――「求めよさらば与えられん」
人生の羅針盤となる3つの願望達成シートを作ろう

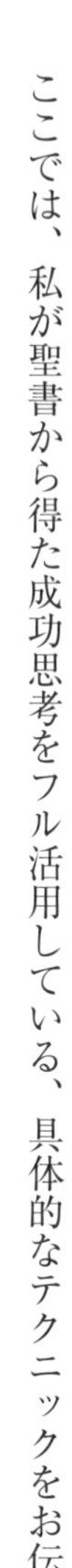

ここでは、私が聖書から得た成功思考をフル活用している、具体的なテクニックをお伝えします。

①「9つの願い」願望を9つに細分化して明確にする

まず、自分の願望を9つに細分化して明確にします。9つとは、仕事・家庭・教養・財産・趣味・健康・信念・自己改革・祈りです。「仕事」では、仕事の具体的な数値や目標など、「家庭」では、家族の旅行や結婚やマイホームの計画など、「教養」では、資格取得の目標など、「財産」では、貯金の額や投資の願望など、「趣味」では、旅行の計画や免許取得の目標など、「健康」では、体重管理や人間ドッグ受診の計画など、「信念」では、私の場合だと信仰的なクリスチャンとしてしっかりと歩む決意、「自己改革」では、自分の改善したいことや伸ばしていきたいことなどを、それぞれ書き出します。「祈り」では、自分のことよりも、愛する家族や仲間と共に作り上げていく夢などを書き出します。

②「願いの一本化」願望を年間目標・行動基準に分け一気にA4に書き出す

次に、この9つの願望をA4用紙1枚に一本化します。まず標語になる年間テーマのような言葉を決めます。もちろん私は、聖書から今年のテーマとなる1節を選びます。そして、9つの願望を達成するための行動基準を20個ぐらい書き出します。5分前行動を徹底するとか約束を守るとか、自分のだらしなさを正すような行動基準を書き出し、それに従って日々行動する努力をします。あと、今年の欲しい物リストを写真付きで貼り出し、それをご褒美に頑張っていきます。

③「目標と行動」ビジネスの年間目標と月間スケジュールを書き行動する

最後に、ここまでの目標をもっと具体的な数値にし、月間スケジュールにまで落とし込みます。次ページに、この願望達成シートの見本をお付けしましたので、ぜひそちらを参考にしてください。これらを毎年バージョンアップさせ、1年間の羅針盤とします。

この願望達成シートは、**できるだけ毎日持ち歩き、事あるごとに目を通すと良い**でしょう。ちなみに私は、オリジナルサイズに印刷し、綺麗に手帳に貼り付けています。朝の静かな時間に目を通したり、電車の移動時間に見たりして、自分の現在地と願望との差から、自分の現在地を確認します。ここでは、目標を達成できていなくても意気消沈する必要はありません。書き出したものは、あくまでも目標であり願望なので、達成できないことがあって当然です。しかし、この願望達成シートを明確に作成することにより、願望が潜在意識に染み込み、じわじわとその願望実現への意識や行動が回り出すのです。

私は、この願望達成シートのようなものを15歳のときから使用していますが、実はこのシートに書き出した願望は、ほぼ7割方達成できています。ただ願望を書き出しただけの紙切れを持ち歩き、時々見るだけ。ただそれだけです。つまり、**目標を明確に具体的に持つ人生か、ただ漠然と夢を思い描くだけの人生か、その差が数年後に大きな差になる**と強く感じています。ほとんどの人は、夢や願望はあっても、漠然と思い描くだけで何も行動しない。しかし願望シートに書き出せば、夢や願望が明確になり、それを毎日見れば、少しぐらいは行動し始めます。

小さな一歩も、毎日積み上げていけば、大きな力になります。願望達成は、考え方とやり方次第で簡単なのではないかと思います。

「9つの願い」願望達成シート

仕事　202×年　スタッフ強化

- □ 202×年の年間売上「〇〇億円」突破を目指す！
- □ 年間〇〇件以上の実績に繋がる営業展開
- □ 関東：月〇〇件以上の受注！（営業から営業！）
- □ 人事評価の定着・PDCA面談
- □ 新規オフィスから新規営業の拡大を目指す
- □ 組織力強化：人員確保・サービス向上・スタッフレベルアップ
- □ 「ビジネスコミュニティ」参加者100名を達成する
- □ 各オフィスの成長・スタッフ個々人の成長
- □ 出版コミュニティイベント（6/22 50名開催成功）
- □ ビジネスコミュニティイベント（7/13 300名開催成功）
- □ アンケート依頼営業→カタログ送付→提案営業
- □ ビジネスセミナー実施：
目標 関東10関西10　オンライン開催もアリ
- □ １件あたりの単価を上げる（１件売上〇〇万UPを目指す）
- □ スタッフとの信頼関係の構築（任せることのできる人財）
- □ スタッフとの面談（１対１の密なコミュニケーション）
- □ 各種SNSを盛り上げる
（YouTube・LINE・TikTok・Instagram・Facebook）
- □ ５オフィスを合わせ毎月〇〇万円UPの売上を目指す！
- □ 人員強化：◇支店〇名・△支店〇名・□支店〇名　合計〇名
- □ スタッフ全員給与UP！（関東の売上UPが鍵！）
- □ フォロワー１万人突破し、記念イベントを開催する

家庭

202×年　尊敬される父となる

- ☐ 感情的に怒らない優しい父親
- ☐ 将来に備え貯金（賢い投資：年間〇〇万円）を意識する
- ☐ 部屋の掃除を徹底する（犬部屋・寝室をキレイにする！）
- ☐ 家族で月１ディナーの徹底
- ☐ 尊敬される存在となる
- ☐ いつも笑顔でやさしく（感情に左右されない！）
- ☐ 家族の時間を大切にする（趣味より家族優先）
- ☐ 週に１度は、家族で楽しい時間を持つ
- ☐ 夫婦喧嘩をしない（いつも優しい夫）
- ☐ 愛を持って接する
- ☐ 子供達と週に１度は対話の時間を持つ
- ☐ 毎週１箇所は掃除の実施
- ☐ 家族会議的な時間を週に１回は持つ
- ☐ 気楽に海外に遊びに行く！
- ☐ 家族と週に１度は、一緒に運動の時間を持つ

教養　202×年　多読とレベルアップセミナー参加

- □ 毎日30分は、読書の習慣・継続
- □ 月○○冊、年間○○冊以上読破する！
- □ 新しいビジネス勉強会に参加しスキルアップを目指す
- □ 意識してビジネス交流会に参加し経営力アップ
- □ 日常英会話を身につける（本格的な英会話の学び開始）
- □ スキマ時間の有効活用（電車・トイレ：ラジオ・読書）
- □ ビジネスパーソンの交わりに積極的に参加する
- □ 友人と良き交わりを持つ
- □ キレイな字を書くことを日々心がける
- □ 紳士的生活を意識する（歩き方・話し方・着こなし）

財産　202×年　投資：合計○○万を目指す

- □ 毎月○○万円をNISAに投資していく
- □ 投資合計金額：○○○万円UPを目指す
- □ 無駄なお金の使い方をやめる
- □ 10万円貯金箱貯金を○回実施する
- □ 身の丈生活を意識せよ
- □ 202×年は高額商品を購入しない

趣味　202×年　家族旅行に2回行く

- ☐ 月〇本は必ず映画館で映画を見る
- ☐ ジョギングを復活させる（週に３回は走る）
- ☐ 筋トレ週に２回　月８回以上行く
- ☐ 家族で海外に気楽に遊びに行く
- ☐ 毎月〇回、泊まりの旅行に行く
- ☐ 家族と最高の時間を共有する
- ☐ 子供と犬との時間を楽しむ
- ☐ 四国一周ツーリング５日間の旅へ行く
- ☐ バイクツーリングを楽しむ（安全運転）

健康　202×年　今年こそ6パックになる

- ☐ 規則正しい生活リズムの確立（11時就寝・５時起床）
- ☐ 週に３日は朝ランの実施
- ☐ 筋肉増強のためお酒は控える（休肝日）
- ☐ 週２回はジムへ行く
- ☐ 体重〇〇キロ　体脂肪15％を目指す
- ☐ 柔軟体操（床に手が付くようにする）
- ☐ マッチョな〇〇歳 腹筋を割る：６パック！
- ☐ 週に１回は、サウナに行く
- ☐ 健康管理に意識高く！（暴飲暴食NG）

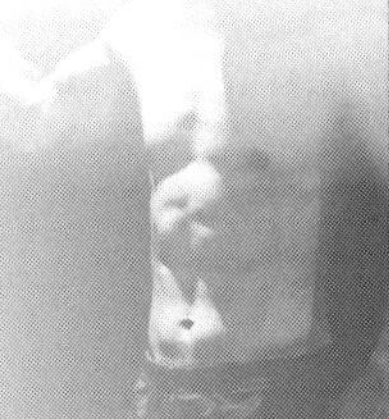

202×年　強いビジネスパーソンとして生きる

- ☐ 株式会社○○の活動で力強い企業としての存在意義を確立する
- ☐ 毎朝30分、マインドフルネスの時間を持つ（瞑想の確立）
- ☐ 毎朝、聖書を１章読む習慣を継続する
- ☐ 社会人として信頼される歩みを心がける
- ☐ 週に１度必ず家族会議の実施（コミュニケーションの実践）
- ☐ 意味ある募金の実践（能登半島）
- ☐ ビジネスパーソンの集いに意識して参加（交流から学ぶ）
- ☐ 後輩たちに真摯に関わる（互いに学び合う精神）
- ☐ ビジネスネットワークの確立（交流から学ぶ）
- ☐ 友人と良き交わりを多く持つ
- ☐ 会社の仲間と積極的に関わる（人格者となる）
- ☐ 神の存在を意識して歩む

自己改革

202×年　柔和なジェントルマンになる

- ☐ 優柔不断 ➡ 祈って決断・綿密な計画と揺るがない決断
- ☐ 焦って決めるな ➡ 最低１日は祈り考える時間を持て、焦るな！
- ☐ マインドフルネスが足りない ➡ 時間の確保
- ☐ 怒るのをやめる ➡ その一瞬の怒りが全てを壊す
- ☐ 口だけ男 ➡ まずはマッチョを目指せ ➡ 全てに繋がる
- ☐ 三日坊主 ➡ 継続は力なり（今日がダメでも明日がある！）
- ☐ 怠け者 ➡ 勤勉さを身につけろ
- ☐ 自分に甘い ➡ 自分に厳しく努力せよ
- ☐ ダラダラ ➡ 時間を決め機敏に動け
- ☐ 時間にルーズ ➡ 早めに動け15分前に到着せよ
- ☐ 寝坊 ➡ 自分との約束、成長目指し５時起床
- ☐ 漢字力が足りない ➡ 漢字を覚える
- ☐ 英語が話せない ➡ 日常会話の習得

祈り　**202×年　紳士になる！**

- □ 202×年決算時には年商〇〇億円を達成する
- □ 〇〇億円企業を意識した経営体制の構築
（スタッフ〇〇名確保・〇〇オフィスを確実に軌道に乗せる）
- □ 株式会社〇〇として〇〇トータルサポート会社となる
- □ 優秀なスタッフを確保し、スタッフそして会社も
成長できるように
（必要人数の確保・給与UP・目標達成・安全・顧客満足）
- □ 全オフィスが確実に成長する
- □ 〇〇君・〇〇君・〇〇さん：デキるリーダーとなる
- □ 各オフィス：スタッフがヤル気に満たされた良き職場作り
- □ 〇〇と〇〇の歩みが、ますます成長できるように
- □ 〇〇君（ビジネスの成功）・〇〇（生活の充実）
- □ 〇〇さんが平常心を持って歩めるように
- □ 自分自身が良きビジネスパーソンとなり大胆に歩めるように
（組織力強化・人財確保・確実成長・チームワーク・良い働き空間）
- □ 202×年も益々、飛躍・成長ある1年となるように
（ビジネス・日々の生活・人生・全ての成長）
- □ 自分並びに会社の存在を通し多くの方々に良い影響力を
与える
- □ 知恵・判断力・決断力・経営力・実行力
リーダー力・成長力・人間力を鍛え成功ある歩みの実践
- □ 与えられた人生、そして目標を日々確実に歩み勝利ある人生
- □ 無事故無違反を意識
- □ 経営者として責任ある歩みを意識し前進する
- □ 安全運転の徹底・ゆっくり運転・トラブル回避
- □ 親戚との良き交流のために
- □ 〇〇のビジネスの成功・家庭の祝福・共に働く仲間の確保
- □ 〇〇君が力強く歩めるように
- □ 〇〇家の歩みのために
- □ 次の10年を意識したスタッフの成長（後継者作り）

「祈りと潜在意識」

――「祈りと潜在意識」三日坊主でもOK、願望が潜在意識に染み込めば自然に体が動く

「祈り」といった単語を目にすると、何か信心的な、日常生活とは遠い話のように感じられるかもしれませんが、日本人は祈りが好きな国民だと私は感じています。仏壇があれば手を合わせ、観光地では寺社仏閣に参拝し、元日には初詣をします。その他、七五三や地鎮祭等々もありますので、日本人は願掛けが好きな国民で、祈りの時を持っていると感じています。この**祈りは、願い事であり、願望達成のための行動と解釈してもいい**でしょう。この祈りのような願望達成の行動を、日常の要所要所で取り入れているのです。

第1章9項「『神様が強くしてくれる』どんなこともできると信じて行動したら道が開けた」でも紹介したとおり、祈りで〝神を味方にする〟ことによって根拠のない自信を持つと、行動してチャンスを掴むことに繋がり、成功する確率が高くなります。ここでも、願望からの祈りの実践は大切だということをお伝えしたいと思います。

実際に神社や教会へ行って祈りをする行動も大切ですが、現地に行かずとも祈りをすることはできます。ここで、クリスチャンの生活習慣を一部紹介します。クリスチャンは本当によく祈ります。朝起きると、まず聖書を読んで祈ります。朝、昼、晩の食事の際にも祈ります。水曜日には教会の祈祷会で祈り、日曜日には礼拝で祈ります。また、車を運転する前の安全祈願の祈りや、それぞれのルーティンの祈りもあります。神様と会話をするような感じで、本当によく祈ります。この祈りを３６５日毎日続けているわけです。

この行動が脳や心に影響しないわけはないでしょう。**言葉があなたの人生を作っていきます。**愚痴やマイナスの言葉を３６５日続ければ、表情も思考も確実にマイナスの状態になっていくでしょう。しかし、それが祈りとなれば、大抵は自分にプラスに働く言葉やいいイメージを発するでしょう。それを毎日、**潜在意識に染み込むように祈って行動していく。**１日や２日では効果はないと思いますが、３ヶ月半年１年２年と続けていくと、あなたの人生にプラスの効果を生み出すこと間違いなしです。

「三日坊主でもＯＫ」と冒頭に記しましたが、この**三日坊主を何度も何度も繰り返して欲しい**のです。２日間でできなくなってしまってもいいのです。１週間後にまたちょっとだけ続けてみる。途中でやらなくなっても大丈夫です。もう既にあなたの祈りの願望は願望達成シートに記入されているので、目に見える形で明確になっています。**そのシートを見**

るだけでも祈りの行動になります。続けなくても、あなたの祈りの願望がシートに明確になっている、これが大事なんです。祈りの願望がシートに記されているとは、つまり願望が具現化している状態。**願望を具現化してきちんと明確化している人と、願望を無意識に持っているだけの人との行動には、雲泥の差が出ます。**

まとめると、**願望達成シートを作成することが、祈りの課題を具現化すること**になります。このシートがあなたの祈りの願望なのです。これをもとに、神社や教会で祈るような形式を持たずとも、目を通すだけで祈りのような行動になります。それぞれの宗教やライフスタイルに合わせ、シートを使って祈る形を取ってもいいでしょう。シートがあると、行き当たりばったりの行動になりにくく、ルーティンの行動が取りやすくなります。毎日続けられなくても問題ありません。羅針盤のようにその願望達成シートに絶えず戻り、また祈りの行動で自分の心の奥底に語りかける。これを着実に続けていけば、あなたは必ず、夢や願望に近づいていくでしょう。いや、夢や願望があなたに近づいてくると言った方が、正しいかもしれません。

「「わたしに何をしてほしいのか。」するると、盲人は言った。

「先生。目が見えるようになることです。」

するとイエスは、彼に言われた。

「さあ、行きなさい。あなたの信仰があなたを救ったのです。」

すると、すぐさま彼は見えるようになり、
イエスの行かれる所について行った。」

マルコの福音書　10章51－52節

――「祈りは具体的に明確に」

野望が明確だからこそ行動が明確になる

夢や目標、さまざまな願望を抱いて生きていくのが人間です。小さな夢から大きな夢、目先の今日叶えたい夢から長期的な10年スパンで考えていく夢。夢や目標と言ってもさまざまです。「あなたの夢や目標は何ですか？」と突然に問われると、答えられない人も多いと思います。

２０１８年、宝くじを販売する全国自治宝くじ事務協議会が「日本ドリーム白書２０１８」を発表しました。この調査は、全国47都道府県の20代以上の男女１万４１００人を対象として実施されました。ベスト3を見ると、１位は健康な生活を送りたい、２位は好きな趣味に打ち込みたい、３位はマイホーム（一戸建て）に住みたい、でした。

確かに、健康は何よりも大事です。健康を害してしまっては、何もできなくなってしまいます。それも踏まえて、**夢や目標をもう一度自分に問い、生き方を見直すことも大事**かと思います。

皆さんの夢や目標は何でしょうか。目先の目標は言えるかもしれません。「今日のランチはカレーを食べる」とか「夜は大好きなドラマを3話まで見る」といった目先の目標は、日々ほぼ叶えることができるでしょう。その日々の目標や小さな夢を叶え続け、3年5年と生きていく。そんな生き方も素敵です。でも、自分の1回限りの人生、そんな平凡な生き方でいいのでしょうか。

第4章7項「『空を打つような拳闘はするな』PDCAを徹底的に回すビジネス展開で結果を掴め」でもお伝えしましたが、聖書でもしっかりと目的を定め、全力で生きることを勧めています。あなたには壮大な夢や目標はありますか？ マイホームを持つという夢も壮大で素晴らしいです。多くの人は、いつかはマイホームを持ちたいと思い描き、その願いを〝宝くじ〟に託しているのかもしれません。しかし、その夢の描き方はあまりに漠然としていて、夢や目標というより、妄想に近いというのが現状のように感じています。

夢は、もっと具体的に明確にするからこそ目標に変わり、人は、その目標を達成するためだからこそ全力で生きていけるのではないでしょうか。マイホームなら、何歳までに、どこのエリアに、総額いくらで、どこのハウスメーカーで、どんなデザインで建てるのか。また、そのマイホームでどんな生活を繰り広げるのか。もっともっと具体的に明確にする必要があります。夢は何となく思い描くだけでは意味がありません。本気で言います。**もっとリアルに数値に落とし込み、自分の中にもう既にそのマイホームに住んでいる錯覚が起きるくらいに明確にする**のです。

ちなみに私は、本章でご説明している願望達成シートに、マイホームの夢を20代後半に設定しました。住みたい家のデザインをビジュアルでわかるように、目に見える形でシートに貼り、住みたいエリアの地名、そのときの年収に合わせた価格の家を設定しました。そして、いつ購入するのかを具体的に明確に設定し、実際に行動し始めると、即、夢が実現しました。その後は、最初に手に入れた自宅を購入時より高値で売却し、ライフステージをアップさせるのに合わせ、同じような願望達成方法で駅近のマンションのマイホーム取得を叶え、現在は、海の近くで駅近の3回目のマイホーム取得を叶えました。

夢や目標は憧れで妄想するためのものではなく、叶えていくからこそ人生が楽しくなり、生きる張り合いが出てくるものだと思います。具体的に明確に夢を設定し、その夢に向けて本気で行動していく。その行動の先に願望達成の結果があるのです。

「祈りの継続」

――ビジネス成功の分岐点は
「願いと祈りの積み上げ」と「行動」

聖書には、たくさんの祈りのシーンや言葉が登場します。またこの書籍でも、祈りの実践の重要性をずっと語ってきました。夢や願望、目標への熱い思いは、いつの日か祈りに変わります。その熱心な祈りは、本気の行動に変わります。その**祈りと行動の積み重ねの先に成功が待っている**のです。

多くの人は日々の仕事に追われ、気づけば30代40代と年齢を重ねていきます。若いときは、「いつか起業するんだ！」「アーティストになる」「目指せ！　年収１０００万」等々、多種多様な夢や目標を持っていたかと思います。しかし気づけば、社会的にも中堅クラス。昔の友人は出世し、夢や目標を達成して成功している。一方自分は、大きな成功を掴むこともなく、どこか後れを取ったような現状。自分の人生はこんなはずじゃなかった。他者と比べて、自分の理想と現実のギャップに意気消沈してしまう。こんな気持ちで悶々とした日々を過ごしてはいないでしょうか。

自分の現状に大満足で、理想通りの人生を生きていると堂々と言える人は、少ないのではないかと思います。この項では、自分の夢や目標を達成するために、「祈り」というものをどのように活用したらよいか、説明します。

多くの人は、夢や目標を何となくイメージはしますが、本気で祈り込み、祈りを積み上げ、その夢実現のために行動する人は少数です。**本気で祈りと行動を実践した者だけが成功を掴むことができます。**では祈りとは、具体的にはどうしたらいいのでしょうか。

漠然と心に思い描くレベルの祈りは止めるべきです。**目標や夢は、祈りという形で具体的に明確にすることが大事**です。簡単な方法として、紙に1つでも2つでもいいので、祈りの課題を書き出してみましょう。できることなら50個から100個、小さな目標から壮大な夢まで、書けるだけ書き出しましょう。

その書いた夢を手帳等に貼って、持ち歩きましょう。そして暇さえあれば、それを見るようにします。見るだけでも効果的です。祈りと言うと、形式的な祈りの時間や形をイメージするかもしれませんが、**夢や目標を書いてそれを見るだけで、それを祈りと私は表現します。**確かに時には、心を静めてその夢や目標を黙想すると、さらに効果的です。しかし、次項でもお伝えしますが、**夢を書いて持ち歩いて毎日見るだけの行動の積み重ねが、夢や目標をジワジワと潜在意識に染み込ませる**のです。

夢や目標が潜在意識に染み込むとどうなるか。**自然とその夢や目標に向かっての行動をせずにはいられない状態になります。**例えば、ダイエットで5キロ痩せることを目標にする場合。紙に「3ヶ月後の5月までに5キロダイエットし60キロになる」と記入します。これを手帳に貼り、朝のちょっとした時間や電車の移動中、就寝前などにチラチラと見ます。時間があるときには、5キロダイエットし、スマートになった自分を想像しながらワクワクする祈りの時間を持ちます。ただこれを続けるだけで、ダイエットをするための行動の意識が出てきます。

具体的には、食事の量を減らしたり、軽い運動を始めたり、健康や食事に意識が向き始めます。すると、予定の5月には、5キロ痩せることに成功するのです。パーフェクトの達成まではいかずとも、3キロぐらいはダイエットに成功し、自信が付いてまた新しい夢や目標が生まれていく。**好循環のサイクルが回り出す**のです。

まずは夢や目標を書き出す。それを手帳に貼って持ち歩き、暇さえあれば、祈り心を持って目を通す。たったこれだけの習慣の積み上げが、人生を変えていきます。

#「祈りとは」

——願いは祈りとなる、
マインドフルネスでマインドセットする

前項で、夢や目標を紙に書き出して持ち歩き、見て祈ることで行動となり、夢が実現する簡単な方法をお伝えしました。「そんな簡単なことで夢が実現するの？」と思う人も多いと思います。そうなんです。こんな簡単なことで夢が実現するのです。私自身、この方法でかれこれ30年近く、大なり小なりの夢を実現してきました。

簡単すぎる方法なので、皆さん拍子抜けしたかと思います。でも、こんな簡単な誰でもできる方法さえも、多くの人がやっていないし、やろうともしない。だから夢が実現しないんです。騙されたと思って、ぜひ明日から、試してみて欲しいと思います。

本気で願う気持ちの素直な行動の表れが、〝祈り〟という形になるのだと思います。皆さんが祈りという行動に至っていないのは、それが本気の願いではないからではないでしょうか。日本の古くからの習慣に〝願掛け〟があります。近頃ではあまり意識しないかもしれませんが、昔は、何か願いがある場合、それが達成できるまで断食をするとか、御百度参りをするといった行動をしていました。本気の願いが祈りとなり、行動となって願いを達成していたのです。神仏が叶えてくれたという捉え方もできますが、そんな**本気の願いと行動があったからこそ、掴み取れた勝利なのではないか**と私は思います。

でも、この現代、「願掛けをして御百度参りをしましょう」というのは、ちょっと抵抗もあるし、大変そうで私もやりたくない。では、現代の私たちは、どんなスタイルで夢を掴んでいけばいいのか。**私がオススメするのは、マインドフルネスでマインドセットする方法**です。マインドフルネスの書籍は大量にあるので、詳細はそちらで学ぶことをオススメします。私流のマインドフルネスは、**週に1回でもいいので、落ち着いて自分の心と向き合う時間を持ち、夢や目標を再確認すること**です。座禅を組む必要なんかありません。家でも、自然の中でも、ランニング中でも、スタイルはなんだっていい。自分の心と対話する時間を持ってください。

マインドフルネスで自分の潜在意識と対話し、今一度、夢や目標を再確認する。そして自分で自分を奮い立たせ、「大丈夫！ 行ける！」とマインドセットする。そしてまた新しい気持ちで夢と目標に向かって行動していく。この夢と目標を紙に書き出し、願望を祈り心になるまで落とし込む。その行動を時々、マインドフルネスを実践して自分の心と対話し、さらに潜在意識に染み込ませマインドセットしていく。この行動を繰り返すだけ。それだけです。

なんだか神秘的で奇妙な行動に見えるかもしれませんが、人間は日頃から似たような行動を無意識で取っています。これをただぼんやりと無意識にやっているから、夢や目標がぼやけた形でしか結果にならないのです。私の口癖ですが、**具体的に明確にハッキリと。これが大事**です。もう一度、皆さんの夢を思い出してください。もう歳だ。お金がない。チャンスがない。非現実的で実現するわけがない。こんなふうにないことばかりに目を向けずに、その願いを祈りに変えてください。1つでも2つでも、**もう1回、自分の夢と目標を掘り起こし、「祈り」と「行動」に変えてみてください。**

その行動のちょっとした励ましに繋がるエッセンスとしてぜひ、聖書を読んでみてください。人間レベルの励ましは頼りないかもしれませんが、数千年読み継がれてきた聖書の言葉なら、あなたを強く励ましてくれるはずです。これが聖書思考を土台とした生き方です。**聖書の言葉にパワーをもらって、全力で生きていく。このスタイルで、世界のクリスチャンビジネスパーソンは成功を掴んでいるのです。**

「祈って求めるものは何でも、すでに受けたと信じなさい。
そうすれば、そのとおりになります。」

マルコの福音書　11章24節

――「願望は現実化する」願望達成を目指して
行動、改善、また行動を繰り返す

冒頭のこの言葉は、とても強烈だと思います。祈って求めるものは何でも、既に受けたと信じなさい、と。そうするとそのとおりになる。凄い言葉だと思いませんか。祈ったものは全て叶うということです。キリスト教は変な御利益宗教ではないので、この前後の文脈からこの言葉の意味を解釈することが大事なのですが、多くのクリスチャンはこの言葉で積極思考に切り替え、本気で活動しています。ちなみに私の祖父は、この言葉が大好きで、事あるごとにこの言葉を語っていました。

祖父のようにビジネスでしっかりと結果を出している人が言うと説得力があるもので、子どもだった私は、**単純で素直な信仰って大事なんだ**と感心した記憶があります。そんな祖父の有言実行の姿を見て育ったので、私もこの精神で祈って、ある程度のものが現実化してきています。

「願望は現実化する」。皆さんも願望を現実化したいと思いませんか。願望というと、欲が深すぎる感じがするのであれば、願いでもいいでしょう。あなたの願いは何ですかと問うと、意外と答えられない人が多いです。皆さんは、願いをいくつ言えますか？

第5章1項「『求めよさらば与えられん』人生の羅針盤となる3つの願望達成シートを作ろう」でも触れましたが、願望を9つに分けることをオススメします。仕事・家庭・教養・財産・趣味・健康・信念・自己改革・祈りの課題の9つです。

願望を書き出せと言われても、最初は1つや2つしか出ないかもしれません。しかもそれを9つに分けろと言われても、難しいでしょう。しかしこれを始めてみる。ロールプレイングゲームで最初はレベルも低く、アイテムもほとんどないのと一緒で、最初はほぼ書き出せないと思います。逆に言えば、それは**これまでの人生を夢や目標、願望もなく、ただ漠然と生きてきてしまった証拠**です。その結果が今のあなたの人生なのです。

まだ間に合います。これからが夢や目標、願望を持った人生に切り替える時です。「夢や目標、願望なんて書けないし無理だよ」とマイナス思考を持ったあなた、そのマイナス思考が今のあなたの夢や目標、願望なんです。夢がない、目標もない、願望なんてない。そうやって自分の潜在意識に染み込ませて生きてきた、その結果が今の自分。もうそのマイナス思考は捨てましょう。

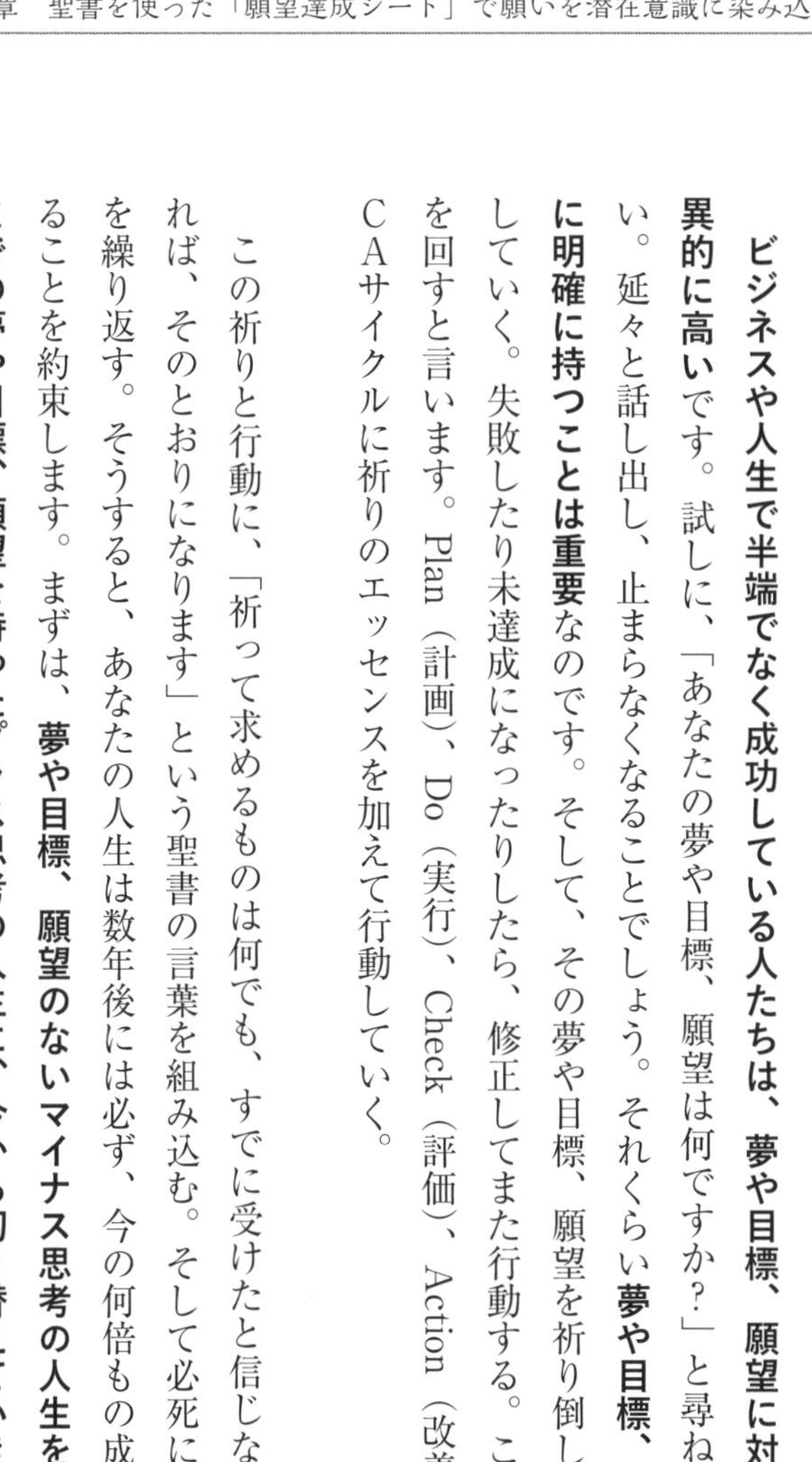

ビジネスや人生で半端でなく成功している人たちは、夢や目標、願望に対する熱量が驚異的に高いです。試しに、「あなたの夢や目標、願望は何ですか？」と尋ねてみてください。延々と話し出し、止まらなくなることでしょう。それくらい**夢や目標、願望を具体的に明確に持つことは重要**なのです。そして、その夢や目標、願望を祈り倒し、必死に行動していく。失敗したり未達成になったりしたら、修正してまた行動する。これをＰＤＣＡを回すと言います。Plan（計画）、Do（実行）、Check（評価）、Action（改善）、このＰＤＣＡサイクルに祈りのエッセンスを加えて行動していく。

この祈りと行動に、「祈って求めるものは何でも、すでに受けたと信じなさい。そうすれば、そのとおりになります」という聖書の言葉を組み込む。そして必死に積み上げ行動を繰り返す。そうすると、あなたの人生は数年後には必ず、今の何倍もの成長を遂げていることを約束します。まずは、**夢や目標、願望のないマイナス思考の人生を捨て、強烈なまでの夢や目標、願望を持ったプラス思考の人生に、今から切り替えていきましょう。**

「いつも喜んでいなさい。絶えず祈りなさい。
すべての事について、感謝しなさい。」

テサロニケ人への手紙第一　5章16節

――「喜び・祈り・感謝」
この3ポイントを意識すれば、必ず人生は好転する人生の歩みは、いいことばかりではありません。山あり谷あり。でも山あり谷ありの人生だからこそワクワクするし、ヤル気が出るというものです。私もこの書籍の執筆時は50歳を迎える年で、半世紀を生きてきました。さらっとこれまでの生き様を振り返ると、特に10代20代は自己肯定感が低く、ネガティブ思考で人生を喜ぶこともできず、祈りも後ろ向きな反省ばかり。もちろんそんな生き方からは、感謝の思いなど出ることもなく、悶々とした日々を歩んでいたような気がします。

私の聖書思考からの人生の転機は、31歳のときに訪れます。一念発起して起業したときから、人生が大きく変わっていった記憶があります。だからといって皆さんに「起業すれば人生が変わりますよ」とオススメする訳ではありません。私の起業の背後には、**神様に与えられた自分の才能をありのままに受け止め、自分らしく全力で生きていこうと決めたことが、大きな変化のきっかけとしてあった**のだと思います。

人はなかなか、自分のありのままの育ってきた環境や境遇や現状を、認めようとしない傾向が強い気がします。こんなはずじゃなかった、自分はこんなところで終わるはずがない、今さら何を変えることができるのか等々、自分の人生をマイナスに見積もってしまう。卑屈な精神からは、卑屈な考えや行動しか生まれません。ここでオススメしたいのは、**今の自分自身を、まずはあなた自身がしっかりと肯定し、認めてあげること**です。今の自分を最高の愛されるべき存在として、しっかりと愛してあげて欲しいのです。

自分を認めてあげる肯定的な精神からは、肯定的な考えや行動が生まれます。つまり、喜びが生まれるのです。喜びが潜在意識に染み込んでいる人の言葉や行動、そして祈りには、希望と勇気と愛が満ち溢れます。その喜び溢れた人生は、喜び溢れた祈りに繋がります。すると全てに感謝することができるようになります。この**喜び・祈り・感謝のプラスのサイクルが回り出せば、人生は確実に好転します。**

人生が好転しない人の特徴は、無意識に怒りや悲しみ、恨みつらみ、ネガティブな思考が染み渡り、潜在意識を汚染しています。その負の感情のスパイラルに陥ると、人生はその負の感情に縛られ、下がっていくばかりです。**ちょっとした感情や思考は積み重なり、無意識に自分の人格を形成していくので、何を思い描いて生きていくかはとても重要**です。

「喜び・祈り・感謝」の3ポイント思考で人生が好転するとお伝えしました。さまざまな事情で喜べない状況下にある方も多いと思います。人生は山あり谷あり、だからこそ楽しいと言いました。つまり、考え方1つで山になるか谷になるかなのです。山を登って行けば、その勾配は辛いですが、山頂では最高の景色が待っているかもしれません。そう考えると、全てを喜ぶことができます。人は習慣の生き物です。**喜び思考をこれから習慣化してみましょう。**その積み重ねで、無理矢理にでも喜んでいると、喜び癖が付き、考え方や行動が前向き思考に変わっていくのを感じることができると思います。すると、**マイナス思考だった祈りは、いつの間にかプラス思考の祈りに変わっていきます。感謝できなかった人生が、ゆっくりと感謝に溢れた人生に変わります。**プラス思考の生き方をどんどんスパイラル化していけば、早ければ半年後には、好転した人生を歩み始めているはずです。

あなたの人生をまずあなた自身が、しっかりと認めてあげてください。多くの人が、自分をしっかり認めようともせず、無関心でほったらかしにして生きている傾向がありす。まず、**あなた自身があなたの人生、存在を認め、伴走する意識を持ちましょう。**人生はこれからです。まだまだ可能性があります。「喜び・祈り・感謝」を意識して、新しく自分らしい生き方を構築していきましょう。

おわりに

今、ここを読まれている方は、最後まで読んでくださった方か、立ち読みで軽く読んで本の雰囲気を読み解こうとされている方のいずれかかと思います。いずれにせよ、この『ビジネスで勝ち抜くための聖書思考』を手に取ってくださったことに感謝致します。

この書籍の著者である私、野田和裕は、福島県の片田舎で生まれ、小学校・中学校では勉強ができず、落ちぶれた幼少時代を過ごしました。聖書思考というタイトルにあるように、私は生まれたときから聖書に触れ、気づけば聖書を土台とした人生を歩んできました。それは、祖父が戦後、紆余曲折を経て聖書と出会ってクリスチャンとなり、キリスト教精神で運営するビジネスが成功しているさまを見て育ったことも、大きく影響しているると思います。

ビジネスで勝ち抜くというのは、実際にはそう簡単なことではないと思います。聖書を読めば確実に成功するのか？　簡単なことではないでしょう。しかし、私は、聖書を土台として生きる、キリスト教精神で生きてきた祖父や父、また自分自身の人生を振り返ってみても、マイナスなことは1つもないと断言できます。聖書の神を心に認めて生きてきたからこそ、今の自分自身があると確信しています。私のビジネスは、小さな会社ではありますが、毎年増収増益で18年間ずっと右肩上がりです。その根底には、聖書思考が土台としてあります。

ぜひ、この書籍を参考にしていただき、皆さんが人生を全力で楽しく展開できる一助になれば幸いです。私が開催するビジネス交流会やセミナーも時々あるので、興味がある人はぜひ、ご参加いただければ嬉しいです。Facebookで「野田和裕」と検索し、気軽にお友達申請をしてくださいね。

そんなこんなで、初めての著作として『ビジネスで勝ち抜くための聖書思考』をどうにか書き上げました。50歳を目前にして、こうして出版の夢が1つ実現できたのは感無量です。書籍の中にも夢は具体的に明確にと何度もお伝えしてきましたが、この出版の夢も2023年の4月に目標設定し、即行動して出版スクールに入り、2ヶ月で企画書を書き上げ、出版オーディションで合格。とんとん拍子で進んできました。しかし、その背後には、ネクストサービスの松尾先生、大沢さん、コーチの宮川さんのサポートなしではここまで辿り着けなかったでしょう。この場を借りまして御礼申し上げます。

そして、私の聖書思考の企画書に興味を示してくださり、企画を通してくださった、株式会社ぱる出版の岩川様にも、深く感謝申し上げます。

今は亡き、祖父にも感謝したいです。祖父から始まったキリスト教信仰があったからこそ、野田家はビジネスで成功することができたと思います。この書籍を出版したことを、天国にいる祖父が喜んでくれていることを願います。そして、支えてくれた家族や会社のスタッフにも深く感謝致します。

さて、人生はまだまだ続きます。私の人生も、この書籍を読み終えた皆さんの人生も。神様に与えられた人生を、これからも全力でとことんまで生きていきましょう。ぜひ、聖書を土台とした聖書思考を身につけ、力強い生き方をお互いしていきましょう。

最後に、私が聖書の中で一番好きな言葉をお贈りして筆を置きます。

「いつも喜んでいなさい。絶えず祈りなさい。すべての事について、感謝しなさい。」

テサロニケ人への手紙第一　5章16節

湘南の風を感じながらバイクガレージの書斎にて

野田和裕

野田和裕（のだ・かずひろ）
日本最大のキリスト教専門葬儀社　株式会社ライフワークス代表取締役

1974年福島県生まれ。東京基督教大学神学部卒業。祖父は、甲子園出場で有名な聖光学院高等学校の創設者。祖父の代よりキリスト教の精神に則った教育・福祉関連事業（全国40事業所、従業員数1000人）を展開する実業家一族に育ち、幼少の頃からキリスト教精神を学ぶ。

2006年、31歳でキリスト教に特化した葬儀会社を創業。これまでに延べ4000人の葬儀をサポートし、創業19年目を迎える。現在、鎌倉・京都・大阪・東京の4オフィスまで事業を拡大し、日本最大のキリスト教葬儀社となっている。

セミナー実績は、日本全国のキリスト教系の団体500ヶ所で開催、延べ1万人が参加し、わかりやすい内容で定評がある。キリスト教系メディアでの取材も多く、クリスチャン経営者として国内で高い知名度を誇るひとりである。


ビジネスで勝（か）ち抜（ぬ）くための 聖書思考（せいしょしこう）

2024 年 7 月 4 日　　初版発行
2024 年 8 月 1 日　　２刷発行

著　者　　野　田　和　裕
発行者　　和　田　智　明
発行所　　株式会社　ぱ る 出 版

〒160-0011　　東京都新宿区若葉１-９-16
03(3353)2835―代表　03(3353)2826―FAX
印刷・製本　中央精版印刷(株)
本書籍に関するお問い合わせ、ご連絡は下記にて承ります。
https://www.pal-pub.jp/contact

ISBN978-4-8272-1449-9　C0034